믿음 한뼘 더 키우기

믿음 한뼘 더 키우기

초판 1쇄 인쇄 • 2004년 11월 15일
초판 1쇄 발행 • 2004년 11월 20일

지은이 • 박명회
펴낸이 • 이종천
펴낸곳 • 오늘
등록일 • 1980년 5월 8일 제10-104호
주소 • 서울시 마포구 도화동 340번지
전화번호 • 719-2811(대)
팩스 • 712-7392
http://www.oneul.co.kr
Email : oneull@ netsgo.com
* 저자와의 협의하에 인지는 붙이지 않습니다.
* 잘못된 책은 구입하신 서점에서 바꿔 드립니다.
ISBN 89-355-0422-X 03230

성경과 삶을 이어주는 짧고 소중한 이야기

믿음 한 뼘 더 키우기

박명희 지음

오늘

농촌에 와서 산 지 4년이 지났습니다.

첫해엔 텃밭이 풀밭 같았습니다. 심은 채소보다 심지 않은 풀들이 더 많이 자라나서 동네 어른들에게 놀림을 받곤 했는데 이제는 제법 채소밭 모습입니다.

텃밭에 서서 채소들이 자라는 것을 보는 것은 작은 기쁨입니다. 내가 뿌린 씨앗에서 새싹이 꼬물꼬물 나오는 것을 보면 참으로 신기하고 대견합니다. 그러면서 요한복음 15장의 참 농부이신 하나님 아버지를 생각합니다.

"하나님, 제 안에 말씀의 씨앗을 뿌리시고 자라기를 기다리시지요?"

오늘은 텃밭에 나가 풀을 뽑았습니다. 아욱 씨만 뿌리고 풀씨는 뿌리지도 않았는데 어찌 그리도 풀이 많은지 모르겠습니다.

선농부인 나로서는 풀을 뽑다가 아욱도 뽑습니다. 뽑힌 아욱을 다시 심으면서 (아까워서 버릴 수가 없습니다). 우리 주님이 〈자기 사람을 사랑하시되 끝까지 사랑하신다〉는 말씀을 떠올립니다. 그토록 많은 잡초를 내고 있는 나를 끝까지 사랑하시며 내 안의 잡초들을 뽑아주시고 뾰족뾰족한 돌멩이들을 하나하나 캐내버려주시는 그 참 농부의 사랑!

참 농부는 결코 풀을 뽑다가 아욱을 뽑지 않습니다. 때론 아욱이 다칠 새라 기다렸다가 풀을 뽑으시기도 하고 누런 잎은 따주시고, 웃자란 것은 잘라 주시고……. 그때마다 아프다고 외치는 부르짖음도 다 들어 주십니다.

참으로 좋으신 우리 하나님!

이처럼 사랑하시며 이 세상 끝 날까지 함께 하시겠다고 약속해
주시고 결코 나를 포기하지 않으시는 하나님,

이런 하나님의 사랑을 감히 글로 표현해 보았습니다. 기도하면
서 많은 자료들을 찾아가면서 썼습니다.

그동안 월간 QT지 〈생명의 양식〉과 〈새벽이슬〉에 발표했던 글
들을 모아 〈믿음 한뼘 더 키우기〉라는 제목으로 묶었습니다. 이
글들이 읽는 모든 사람에게 성경과 삶을 이어주는 소중한 이야기
가 되었으면 기쁘겠습니다.

이 글을 쓸 때부터 기도로 동역해 주신 성도 여러분과 미리 독
자가 되어 교정지를 밤새워 읽으며 독후감을 말해 주었던 사랑하
는 제자들과 조카들에게도 지면을 통해 고마움을 전합니다.

얼마 전에 〈암호 좀 알려주세요〉와 〈꿈꾸는 산〉 등 몇 편이 일
본의 가스펠 매거진에 소개되었고, 〈암호 좀 알려주세요〉는 복음
전도지로도 만들어져 사용된다는 소식을 들었습니다. 반갑고 기
쁩니다.

이 책을 읽는 여러분에게 주님의 은혜가 넘치시기를 기도합니다.

2004년 안성에서 박명희

차 례

-첫번째-

암호 좀 알려주세요

    지식의 힘이 세상에서 가장 뛰어난 것이라고 믿는 사람이 있었습니다. 그래서 그는 많은 것을 배웠습니다. 그 결과, 그는 정말 많은 것을 알게 되었습니다. 역사, 과학, 지리, 문학, 철학까지 고루 잘 알게 된 것입니다.

    '단지 한 가지에 대해서만 안다는 것은 아는 게 아니야.'

    그는 박사들을 비웃었습니다. 한 가지 분야에 대해서만 아는 사람이라는 이유였습니다.

    '얼마 전에 궁중 요리의 전수자라는 사람을 만난 적이 있어.'

    그날 일을 생각하면서 그는 한참 동안 낄낄거리며 웃었습니다.

    "자기는 단지 궁중 요리에 들어가는 파만 잘랐다는 거야."

    그런데 어느 날, 그는 어떤 사람에게

    "그렇다면 당신은 하나님에 대해 얼마나 아십니까?"

라는 질문을 받았습니다.

"하나님이라고?"

그는 씩 웃으며 자신 있게 말했습니다.

"나는 종교에 대해서도 많이 알고 있어. 이를테면 기독교, 유대교, 이슬람교……."

그가 많은 종교들의 이념을 나열하자 그 사람은 손을 내저으며 말했습니다.

"아니오. 종교를 말하는 게 아닙니다. 하나님에 대해 얼마나 아시냐고요?"

"종교가 아니고 하나님이라고? 난 영어 공부를 위해 영어 성경을 세 번이나 읽었어."

"성경을 몇 번 읽었나, 그런 문제가 아니라니까요. 하나님을 모른다면 누구나 지식에 대해 말할 자격이 없지요. 하나님은 지식의 근본이니까요."

그 말이 그의 자존심을 건드렸습니다.

'좋아, 하나님에 대해서 연구해 보겠어.'

그는 당장 우리말로 된 성경을 한 권 샀습니다. 그리고 그날부터 성경을 읽기 시작했습니다. 하루에 몇 장씩 읽었습니다. 그러나 성경 읽기는 너무 힘이 들었습니다.

고전영어는 성경이 제일이라고 해서 영어로 읽었을 때는 문법이니, 어원이니 하는 공부를 하느라 그런대로 재미있었습니다. 그런데 하나님을 연구하기 위해 읽는 성경은 문제 해결도 안 되고 답답하기만 했습니다. 하지만 알아내야 한다는 욕망에 그는 성경 읽기를 포기할 수가 없었습니다.

'고전 영문학을 할 때 좀더 읽었으면 좋았을걸.'

좀더 재미있는 것을 읽으려고 나중에 셰익스피어로 바꾸었던 것을 그는 후회했습니다.

'어떻게 연구해야 하나님을 쉽게 알게 될까? 뭔가 이해하기 쉬운 방법이 있을 텐데.'

어느 날 그는 전동차를 탔다가 한 청년이 열심히 성경을 읽고 있는 모습을 보았습니다. 마침 청년의 옆 자리가 비어 있었습니다. 그는 재빨리 그 청년의 옆자리에 가서 앉았습니다. 놀랍게도 성경을 읽는 청년의 눈엔 눈물이 그렁그렁 맺혀 있었습니다.

"어느 구절이 그리도 감동적이오?"

그가 묻자 청년은 말을 하지 못하고 한 곳만을 가리켰습니다. 그는 흘깃 어깨 너머로 그 구절을 읽어보았습니다.

─사마리아로 통행하여야 하겠는지라.─

그는 너무나 의아했습니다.

"이 '사마리아로 통행하여야 하겠는지라.'가 맞소?"

청년은 고개를 끄덕였습니다.

"사마리아로 통행하여야 하겠는지라?"

아무리 억양을 바꾸어 읽어도 그 구절은 정말 의미가 없었습니다.

'날 놀리는 건 아니겠지.'

그는 그 구절이 왜 그렇게 눈물을 흘릴 정도로 감동적인 구절이냐고 묻고 싶었습니다. 그런데 청년은 그가 속으로 한 말을 듣기라도 한

듯 이야기를 시작했습니다.

"저는 농촌에서 살고 있어요. 어느 날 밤, 쑥불을 놓고 멍석에 앉아 있었습니다. 그런데 무심코 보니 개미 한 마리가 마른 쑥대 위에서 갈팡질팡하고 있는 거예요. 저는 개미가 가엾어서 나무로 젓가락을 만들어 개미를 그 쑥대에서 땅으로 내려 주었지요. 개미는 빠르게 도망갔어요. 타오르는 불구덩이 속에서 구원을 받았으니 근처에도 있고 싶지 않았겠지요?"

어느새 청년은 얼굴 가득 미소를 띠고 있었습니다.

"그때 저는 깨달았어요. 제가 바로 그 죽음 앞에 선 개미라는 것을 말이죠. 제가 개미를 조건 없이 구한 것처럼 하나님도 저를 조건 없이 구했다는 것을요. 저는 그날 너무 기뻤어요. 하나님이 너무 고마웠어요. 하지만 전 하나님을 오해했어요."

"하나님을 오해했다고?"

"예. 전 하나님이 어쩌다가 무심코 불구덩이에서 헤매는 나를 보고 불쌍해서 구원해 주셨다고 생각했거든요. 그런데 이 구절을 보세요."

청년은 '사마리아로 통행하여야 하겠는지라.'를 손가락으로 가리켰습니다.

"예수님이 어쩌다 사마리아로 지나가다가 그 여자를 만난 것이 아니었어요. 예수님의 마음 속에, 하나님의 계획 속에 그 여자가 있었던 거라고요. 목마른 여자가 열두 시, 그 뜨거운 정오에 물을 길러 나올 것을 예수님은 이미 아시고 그 우물가에서 기다리셨던 거예요. 사람들이 있으면 자존심 때문에 솔직해지지 않으니까 제자들을 심부름

시키고 혼자서 기다리셨던 거예요."

청년의 목소리는 감동으로 떨리고 있었습니다.

'하나님의 아들이라면 그 정도는 알겠지.'

그는 애써 속으로 비웃듯이 중얼거렸습니다.

"그래서 일부러 사마리아로 돌아서 통행하셔야 한다고 한 거예요. 나같은 사람을 구원시킨 것도 어쩌다가 그렇게 하신 것이 아니라 처음부터 계획된 것이라고 깨닫게 되니 너무 기뻐서 눈물이 나요."

'처음부터 계획되었다? 그렇다면 내가 이 사람을 이렇게 만난 것도 하나님의 계획이다?'

그는 웃으려고 했습니다. 하지만 웃음이 나오지 않았습니다.

'하나님의 아들이라면 그 정도는 알겠지.'라고 무심코 속으로 중얼거렸던 말이 확 살아났기 때문입니다. 그 말은 성경 속의 사마리아 여자 뿐 아니라 자기에게도 적용된다는 걸 느꼈기 때문입니다.

"부탁이 있소. 나 좀 도와주시오."

그는 청년에게 하나님을 알기 위해 성경을 읽고 있는데 너무 어렵다고 털어놓았습니다. 청년은 소리내어 웃었습니다.

"예수님이 말씀하신 것이 있어요. '너희가 성경을 연구하지만 그 성경이 바로 나에 대해 말하는 거' 라고 하셨죠. 그러니까 연구해서 하나님을 아는 것이 아니라는 거죠. 난수표 아시죠?"

"난수표? 통계나 암호문 같은……?"

"예. 바로 그 난수표요. 난수표엔 누구나 읽을 수 있는 숫자가 쓰여 있지요. 하지만 그 내용은 암호를 모른다면 이해할 수가 없어요. 성경도 마찬가지랍니다. 암호를 모르면 읽어도 무슨 말인지 모르죠. 그저 추측을 할 뿐이지요. 그래서 한 성경에 대해서도 해석이 여러 가지가 되는 것이랍니다."

"그 암호 좀 알려주시오."

그러자 청년은 씩 웃었습니다.

"우선 성경이 선생님이 받게 된 난수표, 편지가 되어야 합니다. 성경은 하나님이 그 분의 자녀들에게 준 메시지니까요."

"그 말은 우선 나더러 그분의 아들이 되라는 이야기입니까?"

"그래요. 하나님의 자녀가 되는 건 아주 쉬워요. '주 예수여, 당신을 영접합니다' 하고 말하면 되거든요. 그리고 솔직하게 말하세요. '하나님, 당신에 대해서 알고 싶습니다. 성경을 깨닫도록 해주십시오' 라고요."

"난 하나님도 믿지 않는데 그 양반이 나에게 알려주겠소?"

청년은 그가 하나님을 그 양반이라고 하자 소리내어 웃었습니다.

"그러니까 먼저 그분을 영접하세요."

청년은 얼핏 밖을 보더니 내려야 한다고 말했습니다.

"그러면 주님이 선생님 안에 살게 되고 바로 그분 자신이 암호가 되어 모든 것을 알게 해주실 거예요."

청년은 더 말할 수 없는 것이 안타깝다는 듯 아쉬운 얼굴로 서둘러 내렸습니다.

"고맙소!"

그는 청년의 뒤에 대고 소리를 질렀습니다.

그는 성경을 읽는 암호가 바로 하나님 자신이며, 사람 속에 들어와서 직접 알게 한다는 것이 마음에 들었습니다.

'그렇다면 암호는 절대 잊혀지지 않겠군. 하지만 과연 그렇게 될까?'

그는 그 청년의 말이 다 믿기지는 않았지만 그 말대로 해보기로 했습니다. 그는 속으로 '예수님, 당신을 영접합니다. 나는 성경을 알고 싶어요. 그러니 하나님에게 말해서 내게 암호 좀 알려주십시오.' 하고 말해 보았습니다. 그리고는 시험하는 마음으로 누구나 흔하게 외우는 성경 구절을 외워 보았습니다.

"하나님이 세상을 이처럼 사랑하사 독생자를 주셨으니……."

순간적으로 그는 성경이 하나님의 자녀들에게 준 편지라던 말이 떠올라서 '세상' 대신 자신의 이름을 넣어

"하나님이 강경환을 이처럼 사랑하사 독생자를 주셨으니……."

하고 다시 외워 보았습니다. 그러고 나서 그는 창쪽으로 얼굴을 돌려 슬쩍 눈물을 닦아야 했습니다. 그때 분명하게 어떤 목소리가 그에게 들려왔기 때문입니다.

"내가 너 강경환을 만나러 전동차 안을 통행하여야 하겠는지라."

하는 음성 말입니다. ♧

하나의 발자국

―자기 사람들을 사랑하시되 끝까지 사랑하시니라.(요 13:1)―

몇 달 전까지는 좋아했던, 그래서 책상 앞에 붙여둔 그 성경구절을 마지막으로 떼어내면서 "정말 그래요? 하나님." 하고 나는 비웃듯이 중얼거렸다.

바로 그때 전화벨이 울렸다. 언니일 것이다.

언니 집으로 다시 들어가는 방법밖에 없었으므로 나는 언니에게 전화를 했다. 죽고 싶을 만큼 싫었지만 달리 방법이 없었다.

"오피스텔 주인이 부도를 내고 잠적해 버렸어."

그렇게만 말했는데 언니는 아무것도 묻지 않고 "지금 데리러 갈게." 하고 말했다.

1년 전에 "나 독립할 거야. 회사 가까운 곳에 오피스텔 얻었어." 했을 때도 언니는 아무 말 없이 짐을 옮겨 주었다.

"생명엔 방학이 없는 거 알지? 네가 30년 간 먹고 살았다고 3개월쯤 쉬었다가 다시 먹어도 된다고 생각하는 건 아니지?"

회사에 제출할 아이디어를 짜내기 위해 내 모든 시간을 투자하고 있을 때, 그래서 주일 집회까지 한 달쯤 참석하지 못했을 때 언니는 말했었다

"알고 있어. 다음 주부터 집회는 참석할게."

나는 약속을 했다. 그러나 할 일이 너무 많았다. 만나야 할 사람도 너무 많았다. 그래서 나는 하나님께 드릴 시간을 빌릴 수밖에 없었다.

'이것만 해결되면 주님께 더 많이 나갈게요. 지금은 좀 봐주세요.'

나는 사회에서 좀더 유능한 사람이 되고 싶었다.

'제가 실력 있는 사람이 되는 것이 더 좋은 일이잖아요.'

생각대로 언니였다. 나는 애써 무표정한 얼굴로 언니를 맞았다.

그러나 언니는 내 표정 같은 것은 아랑곳하지 않고

"맛있어 보여서 샀어."

하며 봉지 하나를 내밀었다

봉지 속에는 도넛이 달랑 두 개 들어 있었다. 나는 피식 웃었다.

"한 개씩 먹자."

우습게도 두 개의 도넛이 내 마음을 편안하게 했다. 도넛은 내가 제일 좋아하는 음식이었다. 나는 언니에게 그 동안의 일을 설명하려고 했다. 고백하려고 했다. 하지만 언니는 고개를 저었다.

"내게 말하지 마. 주님께 말해. 네가 집으로 돌아오겠다고 한 걸로 됐어."

'주님께 말하라고?'

나는 화가 났다.

그동안 절망 속에서 하나님을 얼마나 불렀던가? 그러나 그분은 내게서 등을 돌리셨다.

"하나님은 내 기도 같은 건 듣지 않으셔."

"기도는 네 부탁을 하나님이 들어주는 게 아니야. 하나님 부탁을 네가 들어주는 거야."

말도 안 되는 소리를 언니는 하고 있었다.

"그럼 내가 하나님이게?"

"하나님이 다윗에게 말했어. 밧세바로부터 처음 태어난 아이는 죽을 거라고. 그런데도 다윗은 그 아이가 병이 들자 식음을 전폐하고 기도를 했지. 살려달라고. 결국 그 아이가 죽자 다윗은 머리에 기름을 바르고 음식을 먹었어. 그 기도를 하는 동안 다윗은 하나님의 뜻을 안 거야. 기도할수록 우리는 하나님의 뜻과 목적을 알게 되는 거야."

만일 언니가 뭔가 하나님에 대해서 말을 꺼낸다면 듣지 않을 것이라고 나는 결심하고 있었다. 그러나 나는 언니의 이야기를 얌전히 서서 들었다. 그러면서 언니가 도넛을 너무 맛있게 먹어서 나도 모르게 도넛을 한입 베어 물었다. 먹지 않고 죽어 버리겠다고 결심하고 있었다는 것을 나는 순간적으로 잊어버렸다.

그랬다. 정말 사는 것이 너무 어려워서 나는 죽고 싶었다.

거의 한 달 동안 나는 아무도 만나지 않았다. 전화도 받지 않았다. 그냥 말없이 누구의 간섭도 받지 않고 조용히 지내다 죽고 싶었다.

기도도 할 수 없었고, 성경도 읽고 싶지 않고 찬송은 더욱더 하기 싫었다. 그 어떤 것도 하고 싶지 않았다.

'주님, 제발 나를 그만 내버려두세요. 나도 주님을 귀찮게 하지 않을 테니 주님도 나를 귀찮게 하지 마세요.'

그런데 혼자 있을 수 있는 공간조차도 허락되지 않았다.

"내일까지 이 방을 비워 주십시오."

경매로 건물을 샀다는 새 주인은 이사 비용이라며 내가 낸 보증금의 1/100도 안 되는 돈을 주며 차갑게 말했다.

"퇴직금을 받아서 네 돈은 줄 거야."

친구는 그렇게 말했지만 퇴직금을 받아서 다른 나라로 도망을 갔다. 가진 돈이 없어서 은행에서 대출을 받아 빌려주었는데도 은행 이자 내는 것도 힘겨워 해서 몇 달이나 대신 내주었는데도…….

전날까지 통화했었던 그 번호에서 "없는 국번입니다."라는 메시지가 흘러 나왔을 때 내가 느꼈던 배신감을 어떻게 표현할 수 있을까.

그것뿐인가? 내가 그렇게 자신만만하게 회사에 제출한 계획서는 모방이라는 한마디로 내게 되돌아왔다.

"제발 도와주세요. 하나님."

하지만 하나님은 내게 어떤 것도 해결해 주지 않았다. 내가 그처럼 찾고 기도했는데 하나님은 내게 아무것도 대답하지 않았다. 하나님은 나를 잊어버린 게 분명했다.

"하나님은 내가 신앙생활을 게을리했다고 나를 버렸어. 내가 승진하려고 바둥대는 것이 미웠던 거야. 그래서 내게 관심도 없는 거야."

언니는 내 말을 듣고는 웃었다.

"어떤 사람이 환경이 너무 힘들고 어려워서 견딜 수 없어 산책을 나갔다지. 바람도 없고 조용한 달밤이었대. 호수에 가니 잔잔한 물 위로 달이 둥글게 떠 있었다지. 화가 나더래. 자기는 너무 괴롭고 화가 나는데 너무 고요한 호수가 밉더라는 거야. 마침 돌멩이가 발 앞에 있기에 호수로 힘껏 차버렸대. 그랬더니 물 위에 둥글게 떠 있는 달이 일그러지고 깨지더라는군. 물결이 흔들리니까 그럴 수밖에. 그런데 하늘에 있는 달은 변함없이 둥글게 떠 있었지. 그걸 보고 그는 털썩 주저앉아 울었대. '하나님, 당신의 사랑에 문제가 있는 것이 아니고 내 마음이 문제였군요.' 하면서."

그 이야기라면 나도 알고 있었다. 돌아가신 아버지에게 몇 번을 들었는지 셀 수 없을 정도였다. 그러나 나는 언니에게 처음 듣는 이야기처럼 그 이야기를 들었다. 들으면서 나는 웃었다.

"언니, 그건 나와 상관없는 이야기야. 난 그런 얘기는 믿지 않아."

"너랑 나랑 친자매 사이인 건 믿니? 그건 사실이니까 믿겠지?"

언니의 말에 어떤 함정이 있는지 몰라서 나는 대답하지 않았다.

"사실은 느낌의 영향을 받지 않아. 네가 나를 좋아해도 난 네 언니이고 싫어해도 언니야. 우리 사이는 감정이나 느낌에 따라 변하는 건 아니라는 거지. 그게 사실이야."

언니는 내가 떼어내어 짐 위에 놓은 성구를 가리켰다.

"이 말씀은 사실이야. 주님이 자기 사람을 끝까지 사랑하시는 것 말이지. 이 말씀은 네가 좋아하든 싫어하든 사실이라고. 그러니 사실인 편에 서야지. 잘 변하는 네 느낌에 서지 말고."

나는 말없이 언니를 노려보았다.

"가자."

언니는 내 트렁크 하나를 들더니 "아참!" 하면서 호주머니에서 뭔가를 꺼냈다. 그것은 사각으로 접힌 종이 한 장이었다.

"틈나면 읽어봐. 좋아서 베껴왔어."

'하나의 발자국' 이라는 짧은 시 같은 이야기였다.

어느 날 밤 꿈을 꾸었어요.

주님과 함께 바닷가를 거니는 꿈을.

하늘을 가로질러 빛이 임한 그 바닷가

모래 위에 두 개의 발자국이 나란히 찍혀 있었어요.

하나는 주님의 발자국, 하나는 내 발자국

거기서 내 인생의 장면들을 보았어요.

마지막 내 발자국이 멈춘 곳에서 내 삶의 길을 돌이켜 보았을 때

자주 내 삶의 길에 오직 한 개의 발자국만 보였어요.

그때는 내 인생이 가장 비참하고 슬픈 계절이었지요.

나는 의아해서 주님께 물었어요.

주님, 제가 당신을 따르기로 했을 때

당신은 나와 항상 함께 하시겠다고 약속하셨습니다.

그러나 보십시오.

제가 주님을 가장 필요로 했을 때

그때 거기에는 단지 하나의 발자국밖에 없었어요.

주님은 나를 떠나 계셨지요?

그러자 주님이 말씀하셨어요.

나의 귀하고 소중한 아이야,

나는 너를 사랑했고 너를 결코 떠나지 않았다.

네 시련의 때에도, 고통의 때에도…….

네가 본 오직 하나의 발자국, 그것은 내 발자국이란다.

그때 나는 너를 안고 걸었단다.

—보라 내가 세상 끝날까지

너희와 항상 함께 있으리라. (마 28:20)—

　나는 무너지듯 자리에 주저앉았다. 그리고 처음으로 엉엉 소리 내어 울었다. 나를 안고 걸었던, 끝까지 나를 사랑하시는 주님의 사랑 때문에 나는 펑펑 울었다. 언니 말대로 그건 사실이었다. ♣

하나님의 달리기

그는 화실에 있었다.

"있었잖아?"

없으면 어떡하나 걱정하며 왔는데도 그를 보자 화가 났다.

나는 그의 화실을 둘러보았다. 오랫동안 작업을 하지 않은 게 분명했다.

그가 즐겨 쓰던 이젤 위에 빈 화폭이 덩그러니 올려 있었다. 이 세상에서 가장 훌륭한 그림을 그리겠다고 큰소리치던 그였다.

"꼭 그리고 말겠네. 누가 보아도 감동이 되는 그런 그림을 그릴 거야. 살아 있는 그림을 그릴 거야."

우리는 그의 재능을 믿었다. 친구들은 그의 그림을 좋아했다.

"어쩌다 좋은 그림을 그리는 그런 사람이 되고 싶지 않아. 늘 좋은 그림을 그리는 사람이 될 거야."

우리는 모두 그런 장인 정신을 갖고 있는 화가 친구가 있다는 것을 자랑스럽게 여기고 있었다. 그런 그가 어느 날 초췌한 모습으로 우리 앞에 나타났다.

"좀 그렸어?"

"아니. 그릴 수가 없었어. 자연이 너무 아름다워서 내 그림이 너무 초라해 보였어."

야외스케치를 나갔다가 그는 실의에 빠져버렸다.

자연이 너무 아름다워서 그림을 그릴 수 없다는 그를 우리는 이해했다. 얼마나 많은 사람들이 대자연 앞에서 무릎을 꿇는가.

'그랜드 캐년'의 가장 웅장한 정경이 펼쳐진 곳에서는 그 아름다움에 취해 계곡으로 뛰어내리는 사람들이 많아 경고 표시를 다 해놓았다고 한다.

우리는 그런 말을 하면서 그를 위로해 주었다.

"좀 쉬어. 그러면 다시 그림을 그릴 수 있을 거야. 서두르지 말고."

그는 우리의 충고를 고마워했다. 하지만 그는 계속 한 점의 그림도 그릴 수 없다며 괴로워했다.

"조물주가 만들고 그려낸 것은 모두 최대의 걸작품이야. 산, 강, 심지어 풀 한 포기까지도. 사람이 만든 것은 최고라고 말하는 작품이라도 고치면 더 훌륭해져. 하지만 조물주가 만든 자연은 어떤 방법으로든 사람이 손을 대면 망가지거나 흉측해져 버려."

우리는 그의 말을 화가의 겸손한 태도라고 받아들였다. 그래서 그가 몇 달째 모임에 얼굴을 내밀지 않아도 자기 발전을 위해 고민하고 있을 거라고 생각했다.

그런데 그런 그가 예수에 미쳐 버렸다고 한 친구가 그의 근황을 알려왔다.

"자연에 심취된 것이 아니고 자연을 만든 분에게 심취되어 버렸다는군."

결국 친구들은 나와 종민이를 대표로 뽑았다.

"도대체 어떤 상태인지 네가 좀 만나 봐. 우리는 종교에 대해선 모르니까. 만일 이상한 곳으로 빠졌다면 구해야 할 거 아냐."

종민이는 우리 가운데서 가장 논리적인 사람이었다. 우리는 그를 이론가라고 불렀다. 그래서 친구들은 가장 논리적인 종민이와 종교를 연구하는 나를 선정한 것이다.

우리를 보자 그는 매우 반가워했다. 얼굴 가득 차 있는 반가움이 진심으로 느껴져서 우리는 마음이 풀어졌다.

"뭘 하고 있는 거야?"

"성경을 읽고 있었어."

"재밌어?"

종민이가 농담처럼 물었다.

달콤하다고 그는 말했다.

"정말이야. 달콤하다는 표현밖에 달리 표현할 방법이 없어."

나는 그를 비웃어 주고 싶었다. 하지만 성경에 있는 말들이 달콤하다고 말하는 그의 표정이 너무 진지해서 아무 말도 하지 못했다.

"설마 성경을 읽느라고 그렇게 중요하게 생각하던 모임에 나오지 않은 건 아니겠지?"

대답 대신 그는 씩 웃었다.

우리 주위의 사람들은 모두 우리 모임을 부러워했다. 우리는 모여서 진지하게 삶에 대해 토론했고 가치관과 이상과 꿈에 대해 서로 의견을 나눴다. 서로의 어려움도 같이 나눴다.

"좋던 나쁘던 네 마음에 변화가 있으면 우리와 이야기를 나눴어야 하는 거 아냐?"

"그러고 싶었어. 하지만 제대로 표현할 자신이 없어서 시간을 기다리고 있는 중이야. 내가 보고 깨달은 것을 너희들에게 제일 먼저 이야기해 주고 싶었어."

그러면서 그는 차분하게 그가 만난 하나님 이야기를 우리에게 들려주었다.

"산에 올라갔을 때였어. 산자락에 노란 꽃이 있었어. 그 꽃을 들여다보다가 문득 이 꽃은 왜 언제나 똑같이 노란 꽃을 피우는 것일까? 어쩌다 핀다면 어떤 때는 빨갛게, 어떤 때는 하얗게 피어야 하는 게 아닐까 하는 생각이 들었어. 왜 해는 어떤 날은 한 번쯤 북쪽에서 떠서 남쪽으로 지지 않는 것일까? 그런 의문이 꼬리를 물고 일어났어. 그러던 중 난 알게 된 거야. 누군가 있다! 이 모든 것을 움직이며 붙잡고 있는 분이 있다!"

"그건 좀 지나친 비약이야. 자연에 어떤 법칙이 있다는 건 초등학생들도 다 알아."

종민이가 부드러운 말투로 그러나 좀 신경질적으로 그의 말을 잘랐다.

"법칙? 자연스럽게 저절로 법칙이 생겼다고? 그 법칙은 지금도 자연스럽게 생기고 있나?"

그는 갑자기 일어나서 구석에 세워 두었던 그림 하나를 가져왔다.

"내 그림은 두 가지를 사람들에게 알려주네. 이 그림을 그린 화가 최민혁이 있다는 것과 나, 최민혁의 솜씨를 말일세."

그 말에 우리는 아무런 반론도 제기하지 못했다.

"날 봐. 내가 있다는 건 우리 아버지가 있다는 증거야. 자네들은 우리 아버지를 한 번도 본 적이 없지만 나를 보고 우리 아버지가 있다는 걸 알지 않나. 마찬가지야. 자연의 그 모든 것이 그것을 만든 분과 그분의 솜씨를 말하고 있네. 성경엔 사람들이 하나님이 안 보여서 못 믿었다고는 핑계를 댈 수 없다고 써 있더군."

그의 입에서 너무도 낯선 말들이 튀어 나왔기 때문에 우리는 잠시 멍하니 앉아 있을 수밖에 없었다.

"넌 나에게 종교는 아편보다 더 무섭다고 말했어."

나는 그가 종교에 깊이 빠지지 말라고 내게 자주 충고했던 것을 상기시켰다.

"그랬지. 하지만 난 종교에 빠진 게 아냐. 종교는 사람이 노력해서 절대자에게 나아가는 거야. 그런데 하나님은 나를 찾아 오셨어. 게다가 하나님이 나를 기다리고 있다가 달리기를 했다는 걸 알았을 때 너무 기뻤어."

"하나님이 달리기를 했다구?"

나는 웃음을 터뜨렸다.

"이것 봐. 난 성경을 열 번도 넘게 읽었는데 그런 말은 처음 듣네."

그는 가까이에 있던 성경을 펴서 내게 내밀었다. 누가복음 15장이었다. 누가복음 15장이라면 성경을 보지 않고도 내용을 줄줄 외우는 장이었다. 처음 부분엔 목자가 잃어버린 양을 찾는 내용이, 두 번째 장면에는 여자가 잃어버린 돈을 찾는 내용이, 그리고 세 번째 장면에는 믿지 않는 사람들도 잘 아는 탕자의 이야기였다.

"어디에서 하나님이 달리기를 했다는 거야?"

"여기야. 아버지가 달려 온 장면, 넌 알지? 여기에서 목자는 아들 하나님을, 여자는 성령 하나님을, 아버지는 아버지 하나님을 말한다는 것을. 그 못된 아들이 오는 것을 보고 전능하신 하나님이 달리기를 했다네."

놀랍게도 그의 눈에 눈물이 그렁그렁 고였다.

"난 그 다음이 너무 좋아. 제일 좋은 그 옷을 가져오너라. 그 반지, 그 신을 가져오너라. 유감스럽게도 우리 성경엔 정관사 '그'가 빠진 채로 번역되었네. 그 동안 그 옷에 대해 얼마나 이야기를 많이 했으면 하인에게 그 옷을 가져오라고 했을 때에도 하인이 어떤 옷이냐고 묻지 않았겠나?"

나는 그의 말에 깜짝 놀랐다. 그 사실은 그동안 한 번도 생각지 못했던 것이었기 때문이었다.

그랬다. 아버지가 옷을 가져오라고 했을 때 하인들은 어떤 옷인지를 물었어야 했다.

"주인님, 어떤 옷을 가져올까요? 반지는 어디 있나요? 신발은요?

송아지는 어떤 것으로 잡을까요?"

하지만 하인들은 아무것도 묻지 않았다.

그랬던 것이다. 아들이 집을 나간 동안 아버지는 모든 것을 준비해 놓고, '내 아들이 돌아오면 입힐 옷이다. 내 아들이 돌아오면 끼워줄 반지이다. 내 아들이 돌아오면 신게 할 신이다.'라고 하인들에게 말했던 것이다.

그뿐인가? 아들이 오기를 기다렸다가 그는 아들이 돌아오는 모습을 보자 달려 나갔다. 나는 그동안 단 한 번도 이런 다정한 아버지 하나님을 느끼지 못했다.

"난 종교학 박사인 자네보다 성경을 잘 몰라. 아직 전체를 한 번도 못 읽었는데 뭘. 하지만 난, 길 잃은 나를 목자로서 찾아오신 예수님과 지금도 내 양심 안에서 등불을 들고 비로 나의 먼지를 쓸어내는 성령과 내게 달려와 그 옷을 입히시는 하나님 아버지를 누리면서 살고 있네."

"갈게."

갑자기 종민이는 벌떡 일어나더니 더 이상 대화를 나눌 필요가 없다는 눈빛으로 나를 바라보았다. 나는 이끌리듯 종민이 뒤를 따라 나갔다.

"또 올게."

나는 형식적인 인사말을 하는 것처럼 말했지만 그건 진심이었다. 나는 곧 그의 화실을 다시 찾게 될 것이다. 종민이가 옆에 있어서 나는 애써 감동을 숨겼지만, 나는 다시 와서 그에게 말할 것이다.

"자네가 누리는 그 기쁨을 좀 나에게 나눠 주게."

난 알고 있다. 동방박사들이 별을 따라 예수를 찾아왔다가 길을 잃고 예루살렘에 들어갔을 때의 일을. 동방박사들이 유대인의 왕으로 나신 예수가 어디 있느냐고 물었을 때 대제사장과 서기관들은 즉시 베들레헴이라고 알려주었다. 그러면서도 그들은 아기 예수께 가지 않았다.

나는 그런 대제사장이나 서기관처럼 되고 싶지 않았다.

오히려 체면 때문에 밤에 주님을 찾아간 니고데모처럼 나는 살며시 그를, 하나님의 달리기에 눈물을 글썽이는 그를 찾아가 대화를 나눌 것이다.

그리고 나도 달리기를 하시는 하나님을 만날 것이다. 나 또한 집을 떠난 탕자이므로······. ♣

무엇으로 물을 긷는가?

믿을 수 없는 일이었다.

이런 일은 결코 우리 집에서 일어날 수 있는 일이 아니었다. 아니, 일어나선 안 되는 일이었다.

진주가 가출을 했다. 우리의 단 하나밖에 없는 딸이 집이 싫다고 나갔다. 그렇게 많은 사람들이 우리 가정을 부러워하고 있는데 말이다.

'좋은 아버지와 좋은 어머니'는 우리 부부에게 별명처럼 주어진 이름이 아니었던가?

나는 화가 났다. 화가 나서 견딜 수 없었다. 처음엔 그랬다. 부끄러워서 다른 사람들에게 설명하고 말하기가 싫어서 진주가 빨리 돌아오기만을 빌었다.

머리를 보라색으로 물들이고 온 것을 꾸중한 것이 집을 나가게 된 동기였다. 어처구니없는 일이었다.

"거울 좀 봐. 엄마 딸 맞니?"

버럭 소리 지르고 싶은 것을 억지로 참고 그나마 웃으며 말했는데 진주는 전혀 미안한 기색도 없이, "미장원 아줌마는 예쁘다는데 뭘." 하고 아예 말대꾸를 하고 나섰다.

나는 다시 한 번 화를 참아내며, "염색해 준 사람이야 그렇게 말하지. 교회 봉사를 하는 아빠를 한 번만 생각했어도 머리를 그 꼴로 염색하진 않았겠지?" 하고 말했다.

다시 검정 머리로 바꾸고 오라고 말하자

"누구 아들, 누구 딸 그런 게 난 싫어요. 난 그냥 김진주라고요." 하고 진주는 그렇게 소리를 지르며 집을 나갔다. 그리고는 지금 12시가 넘었는데 아무 소식이 없다.

불안감이 엄습해 온다.

'어디로 갔을까? 아이를 잘 키우고 있다고 생각하고 있었는데 무엇이 문제였을까? 주님은 왜 이런 환경을 주시는 걸까?'

나는 소파에 앉지도 못하고 바닥에 쪼그리고 앉아서 생각하고 또 생각했다.

그래서 불안했던 것일까? 병원에서 진주가 교통사고로 입원해 있다는 연락이 왔다.

"환경을 보지 맙시다. 그랬다간 물에 빠지고 말아. 베드로가 주님을 보고 바다를 걸었던 것처럼 우리는 주님만 봅시다."

병원으로 가면서 남편이 말했다. 나는 그렇게 하자고 대답했다. 그러나 걱정은 밀물이 들어오는 것보다 더 빨리 내 생각을 파고들었다.

'만일 진주가 죽는다면……, 장애인이 된다면…….'

끔찍한 상황들이 자꾸만 떠올랐다.

"이 세상에서 가장 큰 죄가 뭔지 알아? 하나님을 신뢰하지 못하는 거야."

맞다. 염려는 하나님을 대적하는 것이다. 하나님이 다 해주신다고 믿으면 염려할 필요가 없었다. 걱정한다는 것은 하나님이 하시지 못할 수도 있다는 거역의 생각인 것을…….

나는 놀라서 빠르게 주 예수님의 이름을 불렀다. 하나님을 신뢰하지 못하는 상황에서 구원받고 싶었다.

바울은 로마서 10장 13절에서 말했다.

-누구든지 주의 이름을 부르는 자는 구원을 얻으리라.-

나는 구원이 참으로 필요했다. 불 못에서 건짐을 받는 구원 말고도 얼마나 많은 것에서 나는 구원이 필요한 자인가!

'주 예수님!'

주님의 이름을 부르자 저절로 눈물이 주르르 흘렀다.

'오직 당신의 긍휼이 필요합니다. 진주를 주님께 맡깁니다.'

-여호와를 기뻐하는 것이 너희의 힘이니라.-

기도도 할 수 없다는 내게 남편은 느헤미야 8장 10절을 외워 주었다. 남편의 말에 나는 픽 웃었다.

'기뻐하라고? 딸이 중환자실에 누워 있는데.'

"기뻐하지 않는다는 것은 명령 불복종이야. 살아 있기만 해도 기쁘겠다고 당신은 그랬잖아."

그랬었다. 그런데 지금은 행여나 진주가 장애인이 될까 봐 나는 실의에 빠져 있다.

남편은 고린도후서 12장 10절을 읽어 주었다.

─내가 그리스도를 위하여 약한 것들과 능욕과 궁핍과 핍박과 곤란을 기뻐하노니.─

"바울은 약함과 능욕과 궁핍과 곤란까지도 기뻐했어."

"그야, 그는 바울이니까. 난 바울이 아니라고요."

그렇게 말하면서도 나는 느헤미야 8장 10절을 외웠다. 외우면서 기도했다.

'기뻐하고 싶어요. 주님, 진주를 지켜주세요. 당신의 자녀입니다. 지켜주셔야 합니다.'

분명히 그 글을 읽을 수 있는 것은 행운이었다. 어쩌면 그토록 나와 똑같은 상황에 있는 사람이 있는지…….

모든 것이 합력하여 선을 이룬다고 했는데 인터넷을 통하여 위로를 받을 줄은 상상도 못했었다.

교회 홈페이지의 게시판에서 나는 이름 모르는 한 자매의 글을 읽었다.

오늘 역대하 20장의 여호사밧 왕을 보면서 주님께 감사의 찬송을 드렸습니다.

저는 요즘 어려운 환경으로 고통 속에서 살고 있었습니다. 어떻게 이 환경을 받아들여야 할지, 어떻게 이 환경을 이겨내야 할지 방법이 없었습니다. 끊임없이 기도를 했지만 기도가 끝나면 곧바로 고통이 몰려왔습니다.

그런데 오늘 저는 역대하에서 여호사밧 왕을 만났습니다. 그의 기도와 하나님과의 대화를 들었습니다.

ㅡ우리 하나님이여! 우리를 치러 오는 이 큰 무리를 우리가 대적할 능력이 없고 어떻게 할 줄도 알지 못하옵고 오직 주만 바라보나이다.ㅡ

여호사밧 왕의 탄식은 바로 저의 탄식이었습니다.

그러나 여호사밧 왕은 대적할 능력도 없고 어떻게 할 줄도 알지 못할 때 오직 주만 바라본다고 고백했습니다. 그런데 저는 할 수 없는 저 자신을 보면서 그저 탄식이나 하고 있었습니다.

ㅡ너희는 이 큰 무리로 인하여 놀라지 말아라. 이 전쟁은 너희에게 속한 것이 아니요, 하나님께 속한 것이니라.ㅡ

ㅡ이 전쟁에는 너희가 싸울 것이 없나니 항오를 이루고 서서 여호와가 구원하는 것을 보라!ㅡ

이 얼마나 달콤한 대화입니까?

전쟁이 우리에게 속한 것이 아니고 하나님께 속한 것이며 우리는 싸울 것이 없고 서서 여호와가 구원하는 것을 보라는 이 말씀은…….

그러나 우리에게도 할 일이 있었습니다.

ㅡ그 노래와 찬송이 시작될 때에 여호와께서 복병을 두어 유다를 치러 온 암몬 자손과 모압과 세일 산 사람을 치게 하시므로 저희가 패

하였으니. ─

언제든지 여호와를 찬양할 때 대적은 패하게 됩니다.

생활 가운데 이기기를 원하십니까? 그렇다면 기뻐하십시오. 승리, 즉 이기는 것은 우리에게 달려 있지 않습니다. 승리는 오직 그리스도께서 하신 것입니다. 이 승리를 보면서 개가를 부르는 것이 우리의 일이라는 것을 아십니까?

내가 이기려고 할 때 우리는 실패합니다. 왜냐하면 우리는 이길 수 없는 사람들이기 때문입니다.

이기려고 노력하지 마시고 그리스도께서 이긴 것을 기뻐합시다.

구원도 은혜로 거저 받은 것처럼 승리도 은혜로 거저 받습니다.

그러므로 우리의 할 일은 찬양입니다.

우리의 할 일은 즐거움 속에서 승리를 지키는 것입니다.

물고기를 물 속에서 길러야 하듯이 승리는 즐거움 속에서 길러야 합니다.

─구원의 우물들에서 우리가 물을 길으리라. 기쁨으로 물을 길으리라. ─

물을 긷는 도구가 무엇인지 아십니까?

바로 기쁨입니다. 기쁨이 물을 긷는 도구예요.

우리가 할 일은 크게 기뻐하며 주님을 찬양하는 것뿐이라는 걸 이제야 비로소 깨달은 자매가 이 기쁨을 형제 자매님들과 나누고 싶어서 썼답니다.

'물을 긷는 도구가 두레박이나 바가지가 아니라 기쁨이라고?'

난 깜짝 놀랐다. 이사야의 이 말씀은 찬송으로도 있어서 즐겨 불렀었는데, 기쁨이 하나의 도구라는 사실은 깨닫지 못했었다.

정말이지 나는 구원의 물을 길어 마셔야 할 사람이었다. 하지만 기쁨이 없다면 물을 길을 수가 없었다.

'기뻐하고 싶어요. 그러나 슬퍼하고 괴로워할 환경만 나를 둘러싸고 있어요.'

진주는 퇴원했지만 완치된 상태가 아니었다. 뇌를 다쳐서 아주 단순한 것 외엔 아무것도 기억하지 못했다.

"서서히 기억이 회복될 것입니다."

병원에서는 그렇게 말했지만 그 '서서히' 라는 것이 언제쯤이 될지는 아무도 몰랐다.

"울어라. 시원해지도록."

세상 사람들은 그렇게 말한다. 그러면 조금은 후련해질 거라고. 그런데 하나님은 '기뻐해라. 그러면 기뻐질 것' 이라고 말씀하신다.

글 쓴 자매가 만났다는 여호사밧 왕을 만나야 했다. 그런 참담한 상황에서 찬양을 했던 여호사밧왕을.

그리고 나는 깨달았다. 그 어떤 것도 주님의 긍휼하심이 아니면 아무것도 아니라는 것을.

그동안 나는 내가 주님의 사랑을 깨달은 빛이 강해서 신앙생활을 잘하고 있다고 믿어 왔다. 그러나 아니었다. 오직 그분의 긍휼하심 덕분이었다.

난 갑자기 기뻐해야 할 것들이 많은 사람이라는 걸 알게 되었다.

이런 어려운 상황에서, 참담한 상황에서, 같이 대화를 나누고 기도할 수 있는 남편이 있다는 것이 기뻤다. 나와 진주를, 우리 가정을 위해 참으로 진심으로 기도해 주는 교회 식구들이 있다는 것이 기뻤다. 컴퓨터라는 문화를 통해 내 마음을 열어주신 주님의 은혜가 너무 감사해서 기뻤다.

나는 너무 기뻐서 울었다. 모든 환경이 고마운 것 투성이었다.

거짓말처럼 기쁨이 몰려왔다. 그리고 나는 주님의 그 애정 어린 음성을 들었다.

"애야, 이 모든 전쟁은 내가 하는 거란다. 네가 할 일은 찬송뿐이란다." ♧

성경을 읽는 길

"내일은 꼭 대답해 줄 거지? 그렇게 되길 바란다, 김성민."

일부러 내 자리까지 찾아와서 빈정대는 용수에게 말해 줄 수 없는 것이 너무 화가 난다.

"성경이 하나님 말씀이라면 하나님은 수학을 잘 못하시는 분인가 보네?"

그렇게 용수는 비아냥거리며 내게 말을 걸어왔다. 내 장래 희망이 '선교사' 라고 발표한 시간이 끝나자마자

"하나님은 아담 한 사람을 만들었다는데, 그런데 어떻게 가인을 죽일 사람이 있다는 거야? 그 사람들은 어디에서 왔어?"

하고 내게 시비를 걸어왔다.

내가 대답을 하지 못하자 용수는

"이걸 대답해 주면 나도 성경을 믿도록 해볼게. 너를 따라 예배당에도 가고."

하고 제법 심각한 얼굴로 말했다.

　물론 나는 용수가 진심으로 심각하게 말한 것이 아니란 걸 안다. 좀더 실감나게 빈정대기 위해 그런 표정을 지은 것이다. 그러나 정말 심각한 것은 내가 그 문제에 대해 대답을 해주지 못한 것이었다. 정말이지 나는 그 답을 알지 못했다.

　그러므로 내가 처음으로 한 일은 권사님인 어머니에게 물은 것이었다. 어머니는 한마디로 잘라 말씀하셨다.

　"그냥 믿으면 되는 거야. 하나님의 말씀은 따지는 게 아니다."

　전화로 물었던 학생회 담당 선생님의 답은 "연구해 보고 알려줄게."였다. 혹시 다음날쯤 알려주지 않을까 전화를 기다렸는데 아무런 소식이 없었다.

　그 다음 날부터 나는 용수를 피했다.

　"하나님의 말씀은 따지지 말고 그냥 믿는 거야."

라고 말했을 때 나올 용수의 비웃음을 견뎌낼 자신이 없었기 때문이었다.

　수업이 끝나자마자 나는 이모부에게 달려갔다.

　목사님인 이모부는 인자하게 웃으시면서, "그런 데에 마음 쓰지 마라. 네 친구가 억지를 부리는 거야. 네가 대답을 잘해 줘도 믿지 않아. 질문을 위한 질문을 하는 거니까 문제 삼지 마라. 대화를 할 필요도 없어."

라고 말씀하셨다. 이모부의 대답은 용수와 대화를 할 필요도 없다는 것이었다.

생각해 보면 어머니나 이모부의 말이 옳을 것이다.

용수는 예수를 믿기 위해 질문을 한 것이 아니라는 것을 나는 알고 있다. 하지만 나는 명확하고 분명하게 대답해 주고 싶었다. 아니, 나 자신이 그 답을 알고 싶었다. 하지만 누구도 대답해 주지 않았다.

'어쩌면 형은, 형이라면 이 문제의 답을 말해 줄 수 있을 것이다.'

이모 집을 나서면서 나는 형을 떠올렸다. 나는 알고 있었다. 형이 대학입시 공부 말고도 성경공부를 하고 있다는 것을. 형은 가끔 성경 은 성경으로 풀어야 한다고 말했었다.

하지만 고등학교 3학년인 형을 집에서 만날 수 있을까?

나는 기도하는 마음으로 집으로 돌아왔다. 형은 마침 집에 있었다.

"형이 이 시간에 집에 있었네!"

나는 너무 반가워서 외치듯 말했다. 내 얼굴이 상기되어 있었는지 형은 "왜? 무슨 일이 있니?" 하고 걱정스러운 얼굴로 물었다.

"묻고 싶은 게 있어서. 형은 알고 있을까?"

내 말투가 우스운지 형은 피식 웃었다. 나는 성경을 펴들고 형에게 내밀었다.

"여기 이 장면, 가인이 아벨을 죽인 후 하나님께 이렇게 말하잖아. '무릇 나를 만나는 자가 나를 죽이겠나이다.' 그러자 하나님이 '그렇 지 않다. 가인을 죽이는 자는 벌을 칠 배나 받으리라.' 하면서 만나는 누구에게든지 죽임을 면케 하셨다고 되어 있거든."

"그런데?"

"가인 말고 누가 그때 있을 수 있다는 거야? 하나님은 아담 한 사람을 만들었는데?"

나는 학교에서 용수와 있었던 일을 형에게 설명했다.

형은 고개를 끄덕이며 혼잣말처럼 "칼이 요리사에게 주어지면 맛있는 요리가 나오지만 강도에게 주어지면 사람을 죽이는 살인 도구가 된다." 하고 말했다.

"무슨 뜻이야?"

"성경 읽는 사람이 중요하다는 뜻이지. 누가 성경을 읽느냐 그것이 중요하다는 말이야."

형은 쓰던 볼펜을 흔들어 보였다.

"이 볼펜이 천사의 손에 있으면 천사의 볼펜이지만 악마의 손에 있으면 악마의 볼펜이야, 똑같은 볼펜인데 말이지."

형은 나에게 용수의 입을 막기 위해 말씀을 알기 원한다는 것은 잘못이라고 말했다.

"성경을 읽을 때마다 하나님을 만나게 해달라고 기도해야 해."

그러면서 형은 창세기 5장을 펴주면서 나에게 읽으라고 했다.

"여길 봐. 아담이 셋을 낳은 해가 130세였어. 그리고 '아담이 셋을 낳은 후 800년을 지내며 자녀를 낳았으며' 라고 되어 있군."

형은 내 어깨를 툭툭 쳤다.

"이 기록으로 봐서 가인이 아벨을 죽였을 때 아담은 130세에 가까웠을 거야. 셋은 아벨 대신 주신 아들이었으니 말이야."

"……?"

"아담이 만들어졌을 때 몇 살이었을 것 같니?"

"글쎄."

생각해 본 적이 없어서 나는 고개를 갸우뚱했다.

"아마도 30세쯤 되었을지도 몰라. 만들어지고 하와랑 결혼했으니까……."

"그렇겠네."

"그렇다면 아담이 거의 100년 동안 단지 가인과 아벨 두 아들만 낳았다고 생각하니?"

그럴 순 없었다. 왜 나는 가인과 아벨만 단지 아담의 아들들이라고 생각했을까? 성경 어디에도 그런 말이 없었는데.

"창세기에 아담이 낳은 아들들 이름은 단지 3명밖에 나오지 않아. 800년 동안. 가인, 아벨, 셋. 그럼 이 세 명밖에 없었다고? 하나님은 아담을 만드시고 생육하고 번성하라고 했는데 말이다."

"그럼 가인이 큰아들이 아니네."

나는 흥분했다. 굉장한 비밀을 알아낸 기분이었다.

"우리는 그동안 너무 편협하게 성경을 읽었던 거야."

형은 웃으면서 도표를 하나 보여주었다.

"나도 너처럼 그런 질문을 받은 일이 있어. 그래서 표를 만들어봤어. 약 100년 동안이면 인구가 얼마나 늘어날 수 있는지."

나는 형이 만들어 놓은 표를 보고 깜짝 놀랐다.

"놀랐지? 그런데 사실 이런 건 중요한 게 아니야. 그 당시 인구가 얼마나 되었을까 그런 게 중요하다면 하나님이 왜 기록을 하지 않으셨겠니? 바벨론에서 포로였다가 돌아온 이스라엘 사람들의 숫자는 일의 자리까지 밝히신 분이."

나는 형을 존경하는 마음으로 바라보았다. 사실 그동안 나는 아니, 우리 가족은 형을 못마땅해 하고 있었다. 3대째 기독교인이라는 자부심을 가지고 있는 우리 가족에게 어느 날 형이 "구원받는 것은 혈통으로나 육정으로나 사람의 뜻으로 나지 아니하고 오직 하나님으로부터 나는 것."이라는 폭탄 선언을 하고 난 후로 말이다.

아버지는 형의 말이 요한복음 1장에 있는 하나님 말씀이므로 무엇이라고 말하지는 못했지만 형을 못마땅해 하셨다. 더욱이 '믿는 이들이 교파로 나뉘는 것은 하나님이 미워하시는 것'이라고 말한 후에는 형을 더 경계하고 있었다.

형은 선교사가 되겠다는 내게도, "성민아, 주님의 일을 하는 것은 지원이 아니라 징용이야." 하고 말해서 내심 나도 형을 터부시하고 있었다.

그런데 지금 형의 모습은 정말 놀라웠다. 어머니, 선생님, 이모부가 밝혀 주지 못한 것을 알게 해주어서가 아니었다. 그랬다. 성경을 말하는 형에게는 어떤 권위 같은 것이 있었다.

무엇이 형을 이렇게 만들었을까? 형은 내 마음을 읽었는지 빙그레 웃으며 나에게 책 한 권을 내밀었다.

"시간 있을 때 이 책을 한 번 읽어봐."

'워치만 니'라는 분이 쓴 〈성경을 읽는 길〉이라는 책이었다.

형도 나랑 비슷한 일을 경험했다고 말했다.

"아담이 선악과를 먹을 줄 하나님이 알았느냐 몰랐느냐, 삼국시대 사람들은 구원을 받느냐, 안 받느냐. 그런 질문을 받았을 때 내가 한 일은 기도였어. 하나님께 알려달라고 졸랐어."

"그랬더니?"

"며칠 후에 이 책을 선물 받았어. 첫 장을 넘기면서 사람들은 성경 읽는 방법을 주의할 뿐 성경 읽는 사람을 주의하지 않는다는 것을 읽고 너무 신선한 충격을 받았어. 자, 난 이제 입시 공부를 해야 한다. 시간 나면 다시 이야기하자."

방을 나서는 내 뒤에 대고 형은 말했다.

"잊지 마. 성경을 읽을 때마다 하나님을 만나는 것! 호기심을 채우기 위해 성경을 읽는 것은 어리석은 거야!"

"알았어. 형!"

난 큰소리로 대답해 주었다. 갑자기, 아주 갑자기 나는 형이 너무 사랑스럽게 느껴졌다. ♧

제대로 사용되는 그릇이고 싶어

　엄마에게는 친구가 셋 있었어. 고등학교 1학년 때부터 한 해에 한 명씩 친해진 친구들이었지.

　어느 해부터인가 난 친구들에게 선물을 하기 시작했단다. 친구들에게 선물한다는 것은 내 작은 기쁨이었어. 친구들을 생각하며 선물을 고르고, 사고, 포장하고……. 그것은 정말 조그만 즐거움이었단다.

　하지만 해가 갈수록 선물을 고르기가 어려워졌어. 형식적인 선물은 하고 싶지 않다는 마음 때문이었지.

　그 해에도 엄마는 백화점, 선물 센터를 이곳저곳 돌아봤지만 마음에 드는 물건을 찾을 수가 없었어.

　'뭐가 좋을까?' 생각하다 나는 '아!' 하고 짧게 소리를 질렀지. 문득 도자기가 떠올랐기 때문이야.

　'그래. 내가 직접 도자기를 만들어서 선물하는 거야.'

　생각만으로도 나는 기뻤단다.

엄마는 도자기 굽는 집을 찾아갔어. 특별히 전통 가마가 있다는 집으로 찾아갔지. 전통 가마가 있는 그 집은 중심지에서 떨어져 있었는데 나는 그것이 마음에 들었단다.

"작품을 만드는 방법은 여러 가지입니다. 미리 만들어 놓은 초벌구이 한 작품에 그림이나 글씨를 그려 넣고 구워내는 방법도 있고요. 직접 만들 수도 있어요."

견습 도공이라는 사람이 도자기 만드는 법에 대한 것을 자세히 설명해 주더라. 하지만 엄마는 손을 저었지.

"내가 직접 만들겠어요. 커피잔 정도 크기의 찻잔을 네 개 만들려고요."

엄마 말에 도공은 고개를 끄덕이고는 가래떡 같은 찰흙을 가져다 주었어. 토련기에서 빼냈다는 그 찰흙은 부드럽고 매끄러웠지. 옛날 학생 시절에 교실에서 만지던 찰흙과는 비교도 되지 않았어.

그 흙을 만지는 것만으로도 나는 뭔가 잘 만들어질 것 같은 마음이 들었단다. 그러나 생각만큼 그릇 만들기는 쉽지 않았어. 나는 똬리를 만들듯이 찰흙을 둥글게 해서 흙 물레판 위에 얹었어. 그리고는 도공이 가르쳐 준 대로 손에 물을 묻히고 조심스럽게 발판을 밟으면서 모양을 만들었어.

몇 번이나 실패를 한 나는 네 개의 찻잔을 만들었단다. 그림은 자신이 없어서 아래 부분에 무늬만 넣기로 했지.

"두 시간쯤 뒤에나 가능해요. 좀 굳어야 하거든요."

도공은 조각칼을 든 엄마를 보고 깜짝 놀라며 손을 내저었단다. 그래서 엄마는 두 시간을 기다렸어. 그다지 지루하지는 않았어. 그래, 뭔가 하고 싶은 것을 한다는 마음으로 그냥 기뻤던 것 같아.

두 시간이 지나자 도공은 그림을 그려도 좋다고 말했어. 나는 잔 아래 부분에 무늬를 몇 개씩 새겨 넣었어.

"잘하신 겁니다."

도공이 말은 그렇게 했지만 얼굴 표정을 보니 별로 잘했다고 생각하는 것 같지 않더라. 그래도 엄마는 기뻤어. 자신의 힘으로 그릇을 만들고 무늬까지 넣었다고 생각하니 그저 스스로가 대견했단다.

"여기에 글씨를 써넣고 싶은데요."

엄마는 친구들과 즐겨 쓰던 글귀도 쓰고 싶었단다. 도공은 흰 도화지를 한 장 주었어.

"여기에 쓰세요. 초벌구이가 끝나야 작품에 글씨를 써넣을 수 있거든요."

나중에 글씨를 사진 찍어 넣어 주겠다고 도공은 말했어. 그렇지만 엄마는 서툴지만 직접 그릇에 써넣고 싶었단다.

"다들 이렇게 합니다. 하루 동안에 그릇이 만들어지지 않으니까요. 우선 이 그릇을 그늘에서 하루 동안 말리고 초벌구이를 하고, 다시 유약을 발라 재벌구이를……."

길게 설명하려는 도공의 말을 자르고 "그렇다면 다시 오겠어요." 라고 나는 고집스럽게 말했어. 엄마는 모든 것을 내 손으로 하고 싶었단다.

사흘 후에 엄마는 다시 그곳으로 갔어. 글씨를 쓰기 위해서였지.

"여기 있습니다."

도공이 엄마가 만들었던 찻잔을 작업대 위에 나란히 늘어 놓았어. 초벌구이만 한 그릇은 초라해 보이더라.

'바닥에 구멍을 뚫어 놓으면 작은 화분 같겠군.'

엄마는 그렇게 생각하면서 그래도 하나하나 정성스럽게 글씨를 써 넣었단다.

'가치 있는 삶을 위하여!'

엄마가 다 쓰고 나자 도공은

"이제 유약을 바르세요. 직접 하고 싶으실 테죠?"

하며 유약 통과 붓을 주었어. 도공은 내 마음을 안 것 같았어.

나는 정성껏, 정말 정성껏 유약을 발랐어. 무슨 예술 작품이나 만드는 것처럼 말이다. 도공은 내가 유약을 바르고 또 바르고 하는 것을 지켜보다가 엄마가 붓을 놓으니까

"불 때는 날은 목요일이에요. 토요일에 찾으러 오세요."

하며 씩 웃었어. 비웃은 건지 감탄해서 그런 건지는 잘 모르지만······.

난 금요일 밤에 쉽게 잠이 오지 않아 침대에서 얼마나 뒤척였는지 모른단다.

'세상에, 그릇 몇 개 때문에 이러는 걸 누가 알면 얼마나 웃을까?'

하면서 말야. 속으로 웃으면서도 엄마는 마음이 담긴 선물을 할 수 있다는 것이 좋기만 했단다.

'과연 어떤 모양으로 구워져 나올까?'

버스를 타고 가는데 어찌나 가슴이 뛰던지······.

그런데 도공이 건네준 찻잔을 보고 나는 깜짝 놀랐어. 너무 멋있었기 때문이야. 무늬도 글씨도 정말 멋져서 내가 만든 것이라고 믿기지가 않더구나. 찻잔은 투박했지만 너무 보기가 좋았어.

"내가 만든 그릇이야!"라고 소리라도 지르고 싶을 정도로 나는 기뻤단다.

찻잔을 들고 친구들과 만나기로 한 장소로 가면서 기뻤던 마음은 설명으로는 다 할 수가 없구나.

"너희들을 생각하며 만들었어. 이 잔으로 커피나 차를 마시면서 내 생각을 해줘."

내 말에 친구들은 분위기 있는 선물이라며 손뼉을 쳐주었단다. 그러나 얼마 후에, 나는 한 친구 집에 가서 그 찻잔이 화장대 옆에 아무렇게나 놓여 있는 것을 보게 되었어. 그 찻잔 속에는 동전 몇 개와 머리핀 같은 것이 들어 있었지.

'내가 어떻게 만든 그릇인데…….'

순간적으로 배신감 같은 것이 밀려왔어. 나는 입술을 꾹 깨무는 것으로 섭섭함을 달랬지. 또다른 친구 하나는 그 잔을 친구 아버지 재떨이로 쓰고 있었어. 눈물이 날 것만 같아 나는 찻잔을 노려보았어. 친구는 내가 재떨이를 감상한다고 오해했는지, "이 재떨이 너무 멋지지 않니? 우아하지? 도자기거든." 하고 자랑스럽게 말하는 거야.

그러더니 "아이고 내 정신좀 봐 이거 네가 준 선물이지?"하며 킬킬 소리 내어 웃더구나. 엄마도 같이 따라 웃어 주었지.

또 한 친구는 어땠는지 아니?

"응? 아, 그 잔? 깨졌어." 하고 아무렇지도 않게 말하더구나.

그날 엄마는 집에 돌아와서 울었어. 친구들이 엄마의 마음을 받아주지 않은 것이 슬퍼서 말이야.

'내가 너무 치사한 거야. 그깟 잔 몇 개 가지고 이렇게 마음 아파하는 것은……'

그러나 생각할수록 슬펐단다. 선물 생각만 하면 가슴이 쏴아 하고 아파 왔어. 그런데 어느 날 엄마는 깨달았단다.

선물이란 자기의 만족을 위해 주는 것이 아니고 상대방을 기쁘게 해주기 위한 것이어야 한다는 것을. 내가 싫어하는 귀걸이를 선물로 받은 날이었지. 아무리 값비싸고 좋은 물건이라도 받는 사람이 싫어할 수도 있다는 것을 그때 안 거야.

그리고 보니 생각나는 것이 있더라. 엄마가 어릴 때 살던 집 옆에 노인 부부가 살고 있었는데 그분들께는 아들이 둘 있었단다. 큰아들은 가난했고 작은아들은 부자였어. 그런데 큰아들은 그 집에 올 때 갈비와 바나나를 잔뜩 사왔어. 그 당시 바나나는 참 비싼 과일이었어. 동네 사람들은 그 큰아들을 효자라고 칭찬했지. 가난하게 살면서도 부모님을 위해 그런 값진 것을 사온다고 말이다. 그런데 할아버지와 할머니는 이상한 냄새가 난다고 바나나를 싫어했어. 그래서 그 바나나는 작은아들이 와서 먹어치우곤 했지.

할머니는 우리 집에 놀러 와서 작은아들이 사온 거라며 사탕을 호주머니에서 꺼내 자랑하며 내게도 주셨어. 나는 '부자이면서 고작 사탕을 사오다니' 하고 작은아들을 속으로 비웃었지.

작은아들의 선물이 훨씬 할아버지, 할머니의 마음을 기쁘게 했다는 걸 몰랐기 때문이지. 치아가 약한 노인들에게 갈비는 좋은 선물이 아니듯, 바나나 냄새가 싫은 그분들에게 바나나도 좋은 선물이 아니었던 거야.

내가 만든 그릇이 친구들에게 의미가 없을 수 있다는 것을 난 알았어. 내가 선물 받은 귀걸이가 아주 싫은 것처럼. 그러면서 그때 나는 더 중요한 것을 하나 더 알았지. 똑같은 그릇이라도 그릇에 담긴 내용에 따라 그 그릇의 이름이 달라진다는 것을 말야.

교회 생활을 시작하면서 엄마는 사람이 하나의 그릇이라는 것을 깨달았단다.

'당신이 담고 있는 것이 무엇이면 밖으로 흘러나오는 것도 바로 그 무엇입니다.'

난 비로소 왜 내가 그렇게 실망을 잘하고, 조그만 일에도 섭섭해하며 슬퍼하는지를 알았단다. 내 속엔 나 자신만을 위한 고집으로 가득 차 있기 때문이었어. 그래서 나는 모든 것을 내가 하고 싶은 대로만 해야 했던 거지. 심지어 친구들에게 선물하는 것조차도 나의 즐거움과 만족을 위해서 했다는 것을 알았단다.

그것을 깨닫자 난 부끄러웠어. 그러면서 그때 순간적으로 이제 가치있는 삶을 위하여 내 속에 채울 것이 무엇인가 생각하며 살아야 할 때라고 생각했단다.

엄마는 제대로 사용되는 그릇이고 싶어. 하나님을 담아서 하나님을 나타내는 그런 그릇 말이야. ✿

당신은 누구입니까?

순간의 선택이 일생을 좌우한다고 한다. 맞는 말이다.

그날 내가 누나 집에 들르지 않았다면 나는 그를 만나지 못했을 것이다. 그렇다면 나는 지금 무엇을 하고 있을까? 바로 그 시간에 누나를 보고 싶어하게 된 것은 주님의 인도였다고 나는 믿고 있다.

누나 집에선 가정 집회가 열리고 있었다. 분위기가 자연스러워서 나는 거리낌없이 그들 옆에 앉았다. 그런데 말씀을 전하고 있던 사람이 내가 앉자마자,

"당신은 누구입니까?"

하고 물었다. 갑작스런 그의 질문에 나는 깜짝 놀랐다.

"나는⋯⋯."

나는 내가 누구인지를 설명하려고 했다. 그러나 그는 대답하기 전에 또 질문을 했다.

"당신은 선한 사마리아인입니까? 강도 만난 자입니까?"

나는 뜻밖의 질문에 당황했으나 곧 나에게 어떤 대답을 들으려 하는 것이 아니란 걸 깨달았다. 이야기를 부드럽게 진행시키려고 그런 식으로 질문을 한 것에 불과했던 것이다. 물론 나를 공격하기 위해 질문을 한 것도 아니었다. 왜냐하면 내가 들어가기 전에 이미 그는 그 이야기를 시작하고 있었기 때문이다.

그는 옛날 이야기를 들려주듯이 이야기를 시작했다.

한 사람이 예루살렘에서 여리고로 내려가고 있었습니다.

예루살렘은 '평강'의 도시이며 여리고는 '저주'의 도시였습니다.

여리고 성을 정복한 후 여호수아는 누구든지 여리고 성을 다시 건축하면 여호와 앞에서 저주를 받는다고 선포했습니다. 그런데도 아합이 이스라엘 왕이 되었을 때, 벧엘 사람 히엘은 여리고를 건축하였습니다.

성경은 그가 터를 닦을 때 맏아들 아비람을 잃고, 문을 세울 때 막내아들 스굽을 잃었다고 말합니다. 그러므로 한 사람이 여리고로 내려가고 있다는 것은 평강의 도시를 떠나 저주의 도시로 떨어지고 있다는 것을 암시합니다.

여리고로 가는 이 사람은 사실 타락한 인류, 즉 우리 모두를 가리키는 것이지요. 그는 가다가 강도를 만났습니다. 강도는 그의 모든 것을 다 빼앗고 그것도 부족하여 옷을 벗기고 죽을 정도로 그를 때렸습니다. 그리고는 그곳에 그냥 버려두고 가버렸습니다.

그렇습니다. 하나님을 떠난 사람은 강도를 만날 수밖에 없습니다.

당신은 강도를 만나지 않았습니까?

어떤 철학자가 말했습니다.

'밥은 사약이다. 왜냐하면 먹으면 먹을수록 죽음에 가까워지기 때문이다.'

그렇습니다. 사람은 살려고 밥을 먹지만 먹으면 먹을수록 죽음에 가까워집니다. 하루를 살면 살수록 죽음에 가까워집니다.

하나님은 '한 번 죽는 것은 사람에게 정하신 것이요.'라고 말씀하셨습니다. 누구도 죽음을 피할 수 없습니다. 바로 그것이 강도를 만난 사람의 특징입니다. 시간도 빼앗기고, 물질도 빼앗기고, 건강도 빼앗기고……. 사람은 계속 빼앗깁니다. 그러다 결국에는 생명을 빼앗깁니다.

강도 만난 그 사람에게 이제 필요한 것은 누군가 그를 구해주는 것이었습니다.

'살고 싶다!'

그는 "사람 살려!" 하고 외쳐보았습니다. 하지만 누구도 그를 구해주려고 오는 사람이 없었습니다.

마침 한 제사장이 그 길로 내려가고 있었습니다.

제사장! 그는 제사장을 보고 희망을 가졌습니다. 제사장이라면 전문적으로 하나님을 섬기는 사람입니다.

그런데 우습게도 제사장 역시 내려가고 있었습니다. 여리고에서 올라오다가 그를 본 것이 아니라 내려가다가 본 것입니다. 그러므로 제사장은 그 강도 만난 사람을 구해줄 수 없었습니다. 그 역시 입장이 똑같았기 때문입니다. 제사장은 강도 만난 사람을 보자 재빠르게 피해 달아났습니다. 강도를 만난 사람은 더 절망에 빠졌습니다.

그때 그곳으로 오는 또 한 사람이 있었습니다. 그는 레위인이었습니다.

'레위인!'

강도 만난 사람은 다시 소망을 가졌습니다.

'저 사람이라면 나를 구해줄 수 있을 것이다.'

그러나 그 역시 그곳에 이른 타락한 한 사람에 불과했습니다. 그는 그 사람을 구할 수 없을 뿐 아니라 자신 역시 강도를 만날까 두려워 도망을 갔습니다.

강도 만난 자의 절망은 깊어졌습니다.

다시 발자국 소리가 들렸습니다. 나귀 울음소리도 들렸습니다. 하지만 그는 기진맥진해서 살려달라고 외치거나 말할 기운조차 없었습니다. 깊은 구덩이에 빠진 새끼 양처럼 신음소리를 냈을 뿐입니다. 그런데도 그분은 그에게 달려왔습니다.

그분은 나귀를 타고 여행을 하는 사마리아 사람이었습니다. 내려오던 사람도 아니고, 그곳에 이른 사람도 아니고, 단지 여행하던 사람이었습니다. 여행하는 사람은 올라가기도 하고 내려가기도 합니다. 그러므로 그분은 타락해서 내려가는 사람이 아니었습니다.

"내가 구해 주겠소."

그분의 목소리는 매우 친밀하고 다정했습니다. 강도 만난 사람은 그 목소리를 듣는 순간 자신이 구원받았다는 것을 알 수 있었습니다.

"어쩌다 강도를 만난 거요? 왜 이런 위험한 곳에 다닌 거요?"

그분은 묻지도 꾸짖지도 않았습니다. 그분은 나귀에서 내려와 그의 상처를 보더니 정성껏 치료를 해주었습니다. 기름과 포도주를 상처에 붓고 싸매 주었습니다. 상처가 치료되자 그분은 "자, 이 나귀를 타시오." 하고 그를 나귀에 태웠습니다. 그리고는 그를 주막으로 데리고 갔습니다. 그분은 밤새 그를 돌보아 주었습니다.

이튿날 그분은 주막 주인에게 데나리온 둘을 주면서 "자, 이 사람을 돌봐주시오. 비용이 더 들면 내가 다시 올 때 갚아 주리라." 하고 말했습니다.

그 강도 만난 사람은 그 주막에 맡겨졌습니다. 그는 그곳에서 참으로 편안하게 쉴 수 있었습니다. 그는 주인에게 맡겨진 사람이었기 때문에, 그에 대한 모든 필요를 그분이 다 지불하고 갔기 때문에, 주막 주인의 눈치를 보거나 일할 필요가 없었습니다. 그저 단지 먹고, 마시고, 편안하게 쉬었습니다.

당신은 하나님이 사람을 에덴동산에 두며 각종 실과와 동산에 흐르는 생수를 마시고 즐기라고 한 것과, 그분이 그를 주막에 데려다 준 것이 같다는 것을 아시겠습니까?

동산과 주막은 즐거운 곳입니다. 무엇을 하는 곳이 아닙니다.

주막 주인은 그를 따뜻하게 보살펴 주었습니다. 그는 그것이 고마워서 주인을 위하여 뭔가 하고 싶었습니다. 그러나 주인은 웃으면서 손을 내저었습니다.

"그만두시오. 나는 그분이 오면 부비를 더 받기로 되어 있소. 나는 당신이 아니라 그분에게 약속된 상을 받기를 갈망한다오. 지금 당신에게 받으면 그날 그분께 무얼 받겠소?"

"그래도 뭔가 하고 싶어요. 내가 할 수 있는 일이 없을까요?"

"있지요. 당신이 할 일은 그분이 돌아오기 전에 잘 먹고 튼튼해지는 거요. 그리고 그분을 사랑하는 것이 당신이 할 일이오."

"그분을 사랑하는 것이 내 할 일이라고요?"

"이웃을 네 몸같이 사랑하라! 당신은 당신의 이웃이 누구인 줄 알지 않습니까?"

"알고말고요. 그 사마리아 사람!"

그는 자기의 생명을 구해 주고 모든 것을 책임진 그분이 바로 자신의 이웃이라는 사실을 깨닫고 있었습니다.

"그분이 당신의 이웃이라는 것을 깨달은 것도 사실은 놀라운 일이지요. 사람들은 자기의 이웃이 누구인 줄 모르고 있어요. 어리석은 사람들은 스스로 다른 사람의 이웃이 되고 싶어한답니다."

주인의 말에 그는 어이가 없어서 소리내어 웃었습니다.

"그건 있을 수 없는 일이지요."

"맞아요. 이 세상에서 강도 만난 사람이 이웃이 될 수 있는 분은 그분밖에 없어요. 그런데 사람들은 자기가 강도 만난 사람이 아니라 사마리아 사람이 된 줄로 착각을 합니다."

이제 강도 만난 사람은 주막에서 먹고, 마시고, 쉬면서 그분이 다시 오기만을 기다립니다. 그는 그분이 그 주막으로 온다고 약속했기 때문에 그 주막을 떠날 수가 없었습니다.

예. 그렇습니다. 오늘 주막이 바로 교회입니다. 우리는 모두 강도 만난 사람입니다. 우리가 할 일은 우리를 먼저 사랑하신 우리 주님을 사랑하면서 교회 안에서 그분이 다시 오심을 기다리는 것뿐입니다. 주님을 먹고 마시며 누리면서.

그의 이야기가 끝났을 때, 나는 부끄러움으로 얼굴이 빨개졌다.

내 호주머니에는 '선한 이웃이 됩시다!'라는 홍보용 카드가 서른 장도 넘게 있었다. 그가 말한 스스로 선한 이웃이라고 착각하는 사람이 바로 나였다. 나는 얼마나 많이 불쌍하고 가난한 사람이 우리의 이웃이라고 말했는지. 선한 이웃이 되어 불쌍한 사람을 돕자고 외쳤는지…….

나는 '선한이웃협회'의 간사였다.

그런데 내가 아니고 주님이 우리의 이웃이었다. 나는 단지 그의 사랑을 받은, 그리고 그를 사랑해야 할 강도 만난 자였다.

가끔 누나가 '예수 간판을 걸고 불교의 가르침을 실행한다.'고 비난했던 말이 떠올랐다.

'무엇이 내 눈을 가리운 것일까? 왜 나는 내가 선한 사마리아 사람이라고 오해했을까? 잘못 배워서이다!'

나는 속으로 외쳤다. 잘못 배운 나는 또 잘못 가르쳤다.

나는 그가 다시 나에게 "당신은 누구냐?"고 물을까 봐 도망치듯 누나 집을 나왔다. 나오면서 쓰레기통에 '선한 이웃이 됩시다!'라고 쓰인 홍보용 카드를 다 털어내 버렸다. ♧

단지 내가 아는 것은

그는 천천히 항구 쪽으로 걸어갔다. 고린도만에서 불어오는 바다 바람이 시원했다.

항구에는 언제나 여러 나라에서 들어온 크고 작은 배들이 줄지어 있었다. 그래서 많은 사람들로 북적댔다. 로마, 그리스, 유대, 시리아, 이집트, 그리고 동방의 상인들······.

그는 그렇게 사람들이 북적대는 항구를 거니는 것을 좋아했다. 배에서 내려지는 진귀한 물품들을 구경하는 것도 재미있었고 낯선 사람들을 보는 것도 흥미로웠다.

그가 나서 자란 고린도는 일찍부터 국제 해상무역에 알맞은 조건을 갖춘 도시였다. 펠로포네소스 반도와 그리스 본토를 연결하는 좁은 지협으로 되어 있어서 상인들이 여기저기서 몰려들었다.

이전부터 고린도 시는 군사적으로나 경제적으로 그리스에서 첫 번째 가는 도시였다. 로마 군이 쳐들어와 파괴되고 한동안 폐허가 된 적이 있긴 했지만 율리우스 시저가 다시 새롭게 재건하고, 로마에서 온 이주민들이 정착하게 되자 고린도는 로마 정부의 소재지로서 아가야 지방의 수도가 되었다.

값비싼 옷을 입은 사람들이 노예를 앞세우고 여기저기 기웃거리고 있었다. 외국에서 온 값진 물건을 구하러 나온 것일 터였다. 고린도 의 귀족들은 부의 축적을 최고의 가치로 알았다.

"따끈따끈한 고기가 쌉니다!"

좌판에 꺼내 놓은 고기에선 모락모락 김이 나고 있었다. 신전에서 제사를 지내고 나온 고기일 것이다.

그리스 인이나 로마 인들은 많은 신들을 섬기고 있었다. 그래서 신 전도 많았다. 신전이 많았으므로 고린도 시장에는 어디서나 제사 음 식을 팔고 있었다. 제사가 끝난 후에 나온 음식이 대부분이지만 제사 를 지내기도 전에 신전에서 일하는 사람들이 몰래 훔쳐 내오는 것도 있었다.

고린도 사람들은 특별히 사랑의 여신 아프로디테를 섬겼다. 로마 인들은 아프로디테를 비너스라고 부른다. 아프로디테의 신전은 고린 도에서 가장 높은 곳에 있었다. 그리고 그 신전에는 1000여 명의 여 사제들이 거주하고 있었다. 그녀들이 하는 일은 그 지역 사람들뿐 아 니라 외국인들에게 매춘을 하는 것이었다. 어이없게도 그것은 사랑 의 여신을 숭배한다는 종교적 의식이었다.

사람들이 그리스의 신들이나 로마의 신들이라고 부르는 것들은 사 실 바벨론교로부터 이어져 내려왔다. 시대를 거쳐 이름만 그 나라의 언어로 바뀌었을 뿐이다.

아프로디테는 바벨론의 세미라미스였다. 니므롯의 어머니이며 니므롯의 아내였던 세미라미스는 아프로디테나 비너스 말고도 주노, 아쉬타, 이스터 등 여러 이름을 갖고 있었다.

'아들을 남편으로 삼은 그 음탕한 여자를 신으로 받들고 있는 사람들, 나도 그들 중 한 사람 아닌가?'

'코린디아조마이'란 말이 떠올랐다. '부도덕을 훈련하다'라는 의미의 헬라어로 고린도에서 유래된 말이었다. 그만큼 고린도 시는 악과 부도덕이 혼재하는 천박한 도시라는 뜻이었다. 그런 생각을 하자 갑자기 메스꺼워졌다.

'뭐야? 그런 모습들이 역겨워 보인 적이 없었는데. 여태까지 그것이 그렇게 악한 일이라고 생각한 적이 없었잖은가?'

바로 그때 누군가 그의 앞을 가로막았다.

"라케스, 라케스 아닌가?"

그의 이름을 부르며 활짝 웃는 사람은 어릴 때부터 친구인 클레온이었다.

"아니, 이런 우연이 있나?"

그는 친구의 손을 덥석 잡았다.

"라케스, 우연이란 없다네."

"그럼 우리의 만남은 필연이라는 것이로군, 클레온."

"그렇다네. 그분이 우리를 만나게 했네."

"그분이란 운명의 신인가? 우리를 고린도 항구에서 만나게 한 신에게 건배를 할까?"

그렇게 말하자 친구는 미소를 지었다.

"다른 곳으로 가서 대화를 나누세."

그는 옛날 친구 클레온을 만난 것이 기뻤다.

그리스 인은 철학을 좋아한다. 그도 그랬고 클레온도 그랬다. 그들은 철학이 최고라고 알고 있었다. 때때로 그들은 모여서 인생을 논하고 우주를 논했다.

그런데 어느 날부터인가 클레온은 그들 모임에 나오지 않았다. 이유를 묻는 그에게 클레온은 철학이 얼마나 공허한가를 알았기 때문이라고 했다. 그러면서 최고의 만족을 찾으면 그를 다시 찾아오겠다고 말했다.

"그래, 자네는 철학보다 더 뛰어난 것을 찾은 것인가?"

처음 볼 때부터 그는 친구의 얼굴이 만족감으로 빛나고 있다고 느끼고 있었다.

"그렇다네. 최고의 지혜를 찾았네. 자네와 함께 갈 곳이 있네."

최고의 지혜만큼 가슴을 뛰게 하는 것이 어디 있는가!

친구가 그를 데리고 간 곳은 아굴라라는 사람의 집이었다. 아굴라는 로마에서 이주해 온 유대인이라고 했다.

"황제 칙령 때문에 고린도에서 사는 게로군."

글라우디오 황제는 유대인들을 로마에서는 살 수 없도록 칙령을 발표했다.

"그렇다네. 장막 짓는 일을 하고 있네."

친구는 아굴라를 형제라고 불렀다.

'헬라인이 유대인을 형제라고 부르다니!'

"브리스길라 자매, 늘 말하던 내 친구 라케스입니다."

친구는 안주인을 자매라고 부르며 그를 소개했다.

'늘 말하던 내 친구라고? 클레온이 늘 나를 마음에 두고 살았다는 말이 아닌가?'

친구의 그 말에 그는 기분이 좋아졌다. 그러나 정말 마음이 편해진 것은 아굴라와 브리스길라의 접대 때문이었다.

그는 여태껏 그처럼 따뜻하고 친밀한 접대를 받아본 적이 없었다. 그들 부부는 꾸밈이 없는 친절로 그를 대했다.

"도대체 이 사람들의 정체가 무엇인가?"

"믿는 이들이라네. 예수 그리스도를 믿어 하나님의 자녀가 된 사람들이지."

친구는 웃으면서 그에게 하나님을 전했다.

"난 자네에게 전도할 수 있게 해달라고 기도를 해왔네. 아까 내가 우연이 아니라고 한 이유가 그것일세. 그뿐 아닐세. 여기 고린도 교회 성도들이 합심하여 자네의 구원을 위해 기도하고 있다네."

친구는 황제의 칙령이 아굴라 부부를 고린도에 오게 한 것 같지만 하나님의 주권이라고 말했다. 고린도 교회를 위해 사도 바울 형제님은 아굴라 형제를 만나야 했다는 것이다.

그는 그런 말들이 다 이해되는 것은 아니었지만 그 자신을 위해 많은 사람들이 기도하고 있었다는 사실 때문에 감동이 되었다.

'어쩌면 항구에서 느꼈던 역겨움은 이들이 기도하고 있었던 영향이 아니었을까?'

"이 세상이 자기 지혜로 하나님을 알지 못하기 때문에 하나님께서 전도의 미련한 것으로 믿는 자들을 구원하시기를 기뻐하셨다네."

"지혜로 알지 못하면 무엇으로 하나님을 안단 말인가?"

"영일세. 사람에게는 하나님이 창조하신 영이 있다네. 양심이 바로 영의 일부분이지."

친구는 사람의 영으로라야 하나님을 알 수 있다고 말했다.

"자네의 시력이 아무리 좋아도 눈으로는 결코 들을 수 없는 것과 같은 이치네. 하나님은 영이시기 때문에 자네의 영을 사용해야만 하나님을 알 수 있다네."

"내 영을 어떻게 사용하는가?"

"자네의 영은 죽어 있네. 그래서 자네는 주님을 영접해야 하네. 주님을 영접하면 자네의 죽었던 영은 살아나고 그분의 영과 자네의 영은 하나가 되지. 주와 합한 자는 한 영이라네. 주님의 이름을 부르게. 그러면 그분은 우리를 구원하신다고 약속하셨다네."

그는 기꺼이 친구의 말을 듣기로 했다. 친구가 소개해 주는 하나님은 돌로 깎아 만든 신이 아니고 사람 속에 사는 분이라는 것이 마음에 들었다. 그리스도가 하나님의 지혜라는 것도 좋았다.

결국 그리스도를 가질 때 하나님의 지혜를 갖는 것이 아닌가!

"오직 부르심을 입은 자들에게는 유대인이나 헬라인이나 그리스도는 하나님의 능력이요, 하나님의 지혜라네."

그는 주님의 이름을 불렀다. 멋쩍었지만 외쳐 불렀다.

"주 예수여, 당신을 영접합니다. 내 생명으로 영접합니다."

친구는 그에게 이제부터 그는 그리스도 안에서 한 형제라고 말해 주었다.

"우리는 한 형제일세. 자네와 나는 그리스도의 몸의 일부분일세. 우리는 지체라네. 자네가 교회가 무엇인지, 그리스도의 몸이 무엇인지를 본다면 정말 기쁠 걸세."

친구는 눈물을 흘리면서 기뻐했다. 그는 친구처럼 눈물을 흘릴 정도로 기쁘진 않았지만 뭔가 표현할 수 없는 느낌이 있다는 것은 숨길 수 없었다.

"오늘 여기에서 교회 집회가 있네."

주 예수님의 이름을 부르는 사람들이 모이는 모임에 그는 참석했다. 그것은 신선한 충격이었다. 로마인, 헬라인, 유대인, 고린도에 살고 있는 각색 인종이 다 모인 것 같았다. 그들은 찬송하고 기도했다.

그들에게는 두루마리로 된 율법서도 없었고 어떤 특별한 경전도 없었다. 그런데도 그들의 가르침은 놀라웠다.

그를 놀라게 한 것은 사람들이 한 사람씩 자기가 보고 깨달은 것을 발표하는 시간이었다. 누구도 제지하지 않았는데 그들은 할말을 하고 나면 누가 시킨 것처럼 자리에 앉았다. 처음엔 계획된 순서에 의해 한 사람씩 일어나 말하는 줄 알았다. 그러나 그것이 아니었다.

담대하게 말하는 사람도 있었고 쭈뼛거리며 말하는 사람도 있었다. 그들의 말은 단순했다.

"나는 거룩함이 무엇인지 신령함이 무엇인지 알지 못합니다. 단지 내가 아는 것은 그리스도께서 나의 생명이요 나의 인격이라는 것입니다. 오늘 그분은 내 안에 살아 계시고 나는 그분의 지시에 따라 살고 있습니다. 나의 유일한 갈망은 그분과 하나되는 것입니다."

모두가 '아멘'이라고 외쳤다.

그는 정말 놀랐다.

그들은 그들 안에 살고 있는 그리스도의 지시에 따라 말을 하기도 하고 멈추기도 한다는 것이다.

"하나님은 사람이 만든 전에 계시지 않는다네. 우리가 바로 성전이라네. 하나님이 살고 계시니……."

사람 속에 들어와서 살기를 원하신다는 하나님, 그는 하나님께 대화를 요청했다.

"하나님, 저는 아무것도 모릅니다. 교회 안에만 있으면, 몸 안에만 있으면 저절로 자란다고 친구가 말해주었습니다. 저는 자라고 싶습니다. 단지 제가 아는 것은 내가 당신과 한 영이 되었다는 것입니다."

친구는 아니, 형제는 내가 한 대화가 기도라고 말해 주었다. ❧

이제는 나도 말해야겠네

지금 난 망치로 뒤통수를 한 대 맞은 기분일세.

아주 심한 배신감에 울고 싶은 마음이야. 금덩이인 줄 알고 귀히 여겼던 것이 흙덩이였다는 그런 배신감 말일세.

고마우이. 그래도 자네 덕에 내가 가진 것이 무엇인지 알게 되었으니. 아마도 자네가 직접 내게 "자네가 들고 있는 것은 흙덩이라네."라고 말해 주었다면 나는 끝까지 자네 눈이 잘못된 것이라고 우겼을 걸세.

지난번 모임 때 내가 4월엔 부활절 행사 준비로 바빴다고 했더니 자네는 웃기만 했어.

색 달걀을 100개나 만들었다고 자랑처럼 말하면서 자네에게 몇 개나 만들었느냐고 물었을 때도 자넨 웃었어. 그리고는

"만일 내 속에서 주 예수님이 부활하시지 않는다면 부활절이 무슨 의미가 있겠나? 나는 매일매일이 부활절이 되기를 바란다네."

하고 말했지.

　그때 난, 자네가 형식적인 것보다 실제가 더 중요하다는 말을 한다고 생각했었네. 달걀에 색이나 칠한다고 부활하신 주 예수님을 만날 순 없다 그런 거 말이야. 그래서 난 속으로 그렇게 생각했지. 나의 조그만 수고가 아이들에게 부활하신 주님을 느끼도록 한다면 그건 형식이 아니라고.

　하지만 그 정도의 문제가 아니라는 걸 안 지금 난 무엇을 해야 할지, 어떻게 해야 할지 갈피를 잡을 수가 없네. 자네는 내가 이럴 걸 알고 있었을 거야.

　어쩌면 어느 날 자네도 나처럼 이런 혼돈과 배신감을 느꼈을지도 모르지. 아니 꼭 그랬을 거라고 난 믿네. 자네는 지나가는 말처럼 "난 왜 부활절을 영어로 Resurrection Day라 하지 않고 Easter Day라고 하는지 그게 의아하네. 그렇지 않은가?"라고 내게 물었어.

　"그렇군. 부활절을 영어로 하면 뤠저렉션 데이인데 이스터 데이라고 하는군."

　나는 고개를 끄덕였네. 사실 난 그런 것을 한 번도 의아하게 여긴 적이 없었거든. 그동안은 부활절을 영어로 말할 기회가 없었기 때문에 그랬겠지. 하긴 Easter Day의 Easter가 무엇인지도 생각해 본 적이 없었어.

　하지만 자네 말을 듣고 보니 좀 이상했어.

　'왜 Easter Day라고 했을까? 자넨 아나?'

　자네에게 되묻고 싶었지만 자네가 정말 모를 수도 있을 것 같아서

"내가 알아보고 알려줄게."라고 나는 큰소리를 쳤네.

그리고는 집으로 돌아오자마자 난 바로 인터넷을 뒤졌다네.

"이럴 수가!"

처음 찾아낸 이 글을 읽고 나는 깜짝 놀랐네.

혹시 자네는 이 글 내용을 알고 있지 않을까 생각이 들지만 그대로 옮겨 보겠네.

부활절은 지켜야 하는가?

부활절을 영어로 부활을 말하는 Resurrection이라는 낱말을 쓰지 않고 왜 Easter라는 말을 쓰는지 아십니까? 그에 대한 해답은 매우 간단합니다. 그것은 부활절이 본래부터 그리스도인들에 의해 지켜져 온 것이 아니고 이방 종교로부터 유입되어 온 것이기 때문입니다. 그것은 기독교를 이방 종교와 혼합시키는 작업을 계속하고 있었던 가톨릭 교회가 예수님께서 부활하신 날을 교묘하게 바꾸어 버린 절기라고 할 수 있습니다.

이 절기는 모든 이방 종교의 창시자라 할 수 있는 니므롯의 아내 〈세미라미스〉로부터 시작되었다고 할 수 있는데, 그녀는 남편 니므롯을 태양신으로, 자신은 달신으로 부르게 했습니다. 성경에서 그녀는 "하늘의 여신 혹은 하늘 여왕"(렘 7:18, 44:17-22)으로 불리는데, 각 지역에 따라 아스다롯(삿 2:13), 아데미(다이아나 행 19:24) 등으로도 불리웠고, 로마로 들어오면서 이스터라는 이름으로 바뀌어진 것입니다.

이 이스터 축제일은 새로운 생명이 소생하는 계절인 봄에 지켜져 왔으며 그 안에는 다산과 새 생명을 기원하는 의미를 담고 있습니다. 이 절기와 관련하여 재미있는 풍습이 있는데 그것은 오늘날 교회들이 지키고 있는 각종 행사의 모습들과 유사한 것들을 볼 수 있습니다. 우리에게도 비슷한 전설이 있지만 대부분의 이교 사회에서는 인류의 역사가 거대한 계란으로부터 부화되어 시작되었다고 전해지고 있습니다.

이 모든 것은 사실상 이교 전통 속에 있는 이스터 풍습으로부터 시작된 것입니다. 이 풍습을 보면 토끼가 되기를 소망하는 거대한 새가 있었는데, 여신은 그 새를 토끼로 변화시켜 주었고, 그에 대한 답례로 토끼는 매년 봄이 되면 여신을 위하여 아름다운 달걀을 낳았다는 이야기가 있습니다. 이러한 전통이 이스터 절기 동안에 달걀을 먹는 풍습으로 바뀌어져 오늘날까지 계속되고 있는 것입니다.

그리스도인이나 이교도들 모두에게 있어서 유월절과 이스터 축제일은 특별한 날이었고, 공교롭게도 같은 기간에 벌어지고 있었던 것입니다. 사탄은 이러한 기회를 절대로 놓칠 리가 없습니다. 로마 교회는 즉시 이것을 한데 묶어 '부활절'로 지키도록 했던 것입니다.(물론 그들은 예수 그리스도의 부활을 기념한다고 말하지만 명칭은 Easter Day로 쓰고 있습니다)

나는 충격으로 한동안 멍하니 앉아 있었네.

크리스마스가 주노 신을 섬기는 날이었다는 것은 이미 여러 번 신문이나 잡지들에 나온 기사로 알고 있었지만 부활절까지 그렇다니

나는 기운이 빠졌네.

'아냐, 좀더 좋은 의미가 있을 거야. 뭔가 더 분명하게 밝혀줄 문헌이 있을 것이다.'

그래서 찾아낸 것이 뭔지 아는가? 달걀에 대한 것이었다네.

히기누스는 다음과 같은 이야기를 전하고 있었네. 그는 이집트인으로서 아우구스투스 시대에 로마에 있는 팔라틴 도서관의 책임자였다네.

"엄청난 크기의 달걀이 하늘로부터 유프라테스 강으로 떨어졌다고 전해진다. 물고기들은 이것을 강둑으로 굴려갔고 비둘기들이 그 위에 앉아 부화하였는데, 그곳에서 후일 시리아 여신으로 불렸던 비너스가 나왔다. 이 비너스가 다름 아닌 이스터인 것이다."

책에는 그림까지 나와 있었는데 큰 달걀이 타원형 궤짝처럼 그려져 있었네. 정말 놀라운 것은 그 달걀 위에 앉은 비둘기였어. 물과 비둘기와 궤짝! 생각나는 것 없나?

그래. 노아의 방주와 비둘기, 바로 그거라네. 노아의 방주가 부활을 의미하는 것을 그렇게 달걀로 부화하는 이스터로 둔갑시키는 사탄…….

아아, 속이는 자 사탄은 참으로 교활하고 거짓되네. 하나님의 역사를 모조리 부인하고, 하나님의 말씀을 그럴 듯하게 뒤집고 사람이 보임직도 하고 먹음직도 하게 하네.

"그럴 수도 있지. 그러면 더 좋겠지."

그렇게 속삭이면서 사람의 눈을 어둡게 하고 혼미케 하네.

"12월 25일이 주노 신을 섬기던 날이면 어떤가? 진짜 태양은 우리 주님이 아닌가? 이스터데이가 세미라미스를 경배하는 날이면 어떤가? 진짜 죽음에서 부활하신 것은 우리 주님이니."

그것이 얼마나 끔찍한 일이라는 것을 모르도록 사탄은 우리의 감각을 마비시켰네 그려.

그날을 주님이 부활하신 날이라고 기념하고, 달걀에 색을 칠하고 있었으니…… .

고등학교 때 들었던 태교에 대한 이야기가 생각나네.

어떤 사람이 아름다운 얼굴의 그림을 보고 있으면 그와 비슷한 아기를 낳을 수 있다고 해서 화장대 거울에 붙여놓고 하루에도 수십 번씩 그 그림을 들여다보았다네. 그런데 어이없게도 태어난 아기는 너무 밉고 추하더라는 거야.

그 엄마는 화가 나서 그 그림을 구겨버렸는데 놀랍게도 그 뒷면에 아주 밉고 추한 악마의 그림이 있더라는 거야.

고등학교 때 담임 선생님은 그 이야기를 하면서 무엇이든 앞면만 보는 것은 어리석은 일이라고 하셨지. 언제나 모든 것의 뒷면을 같이 볼 수 있어야 한다면서…… .

친구여, 고맙네. 부활절의 뒷면을 볼 수 있게 해주어서.

난 어제 알렉산더 히슬롭이 쓴 〈두 개의 바빌론〉이라는 책을 구했네. 읽어본 적이 있는가? 앞 부분을 조금 읽었는데, 나는 이 책을 읽으면서 바벨론 교의 실상과 정체를 비로소 알게 되었네.

어떻게 세미라미스와 니므롯의 모자상(母子象)이 아기 예수와 마리아로 둔갑하고, 왜 이집트나 그리스 신들이 한 손에 뱀의 머리를 쥐고 있는지 말일세. 어처구니없게도 여자의 후손이 뱀의 머리를 상하게 한다는 하나님 말씀을 그렇게 사용하여 우상을 만들었으니…….

지금 조금 정리된 마음으로 말할 수 있겠네. 하나님의 길이 아닌 것은 사탄의 길이라고. 중간은 없네 그려.

"성경에 없는 것은 누가 뭐래도 믿지 않네."

그렇게 말하고 서둘러서 성직자가 되는 길을 접고는 봉사하던 예배당을 떠난 자네를 이제 조금 이해하네.

그랬네. 늘 나는 자네를 생각하면 우리 어린 시절, 부활절 새벽이 떠오르곤 했네. 촛불을 들고 새벽에 부활하신 주님을 만나러 산에 간 일 말일세. 그때의 하나님에 대한 사랑이 우리를 지금까지 이끌고 온 것일까?

이제는 나도 말해야겠네. 성경에 없으면 기꺼이 모든 것을 내려놓겠다고. ♣

-두번째-

아담은 양처럼 보였다

우리는 미리 약속이라도 한 것처럼 똑같이 나무 사이로 숨었다.

하나님의 발자국 소리를 들었기 때문이다. 우리는 두려움에 몸을 떨었다. 이제 어떻게 할 것인가?

아무런 방법도, 대책도 없었다. 무서운 심판과 죽음, 그것이 있을 뿐이었다.

"너무 추워."

참으려 해도 저절로 신음소리가 나왔다. 애써 무화과나무 잎으로 만든 옷은 추위를 해결해 주지 못했다. 추위뿐만이 아니었다. 나는 옷이 찢어질까 봐 조심해야 했다.

이렇게 모든 것이 한꺼번에 바뀔 수 있을까?

조금 전까지 우리는 추위를 느끼지 못했다. 두려움도 없었다. 동산은 얼마나 아름다웠던가!

그러나 이제 모든 것이 달라졌다. 나는 자꾸만 내 자신의 모습을 살펴보고 있었다. 그 전에는 없던 일이었다.

그랬다. 그동안 우리는 하나님을 보며 살았다. 그랬기 때문에 자신을 볼 시간도, 필요도 없었다.

모든 동물은 땅을 보며 걷는다. 그러나 하나님의 형상과 모양으로 지어진 우리 사람은 하늘을 보며 걷는다. 그런데 이제 우리는 다른 동물들처럼 아래를 보게 된 것이다. 그래서 우리가 벌거벗은 것도 알게 되었다. 하나님만 보던 눈으로 나는 내 자신을, 그리고 남편을 살피게 되었다.

'나는 누구인가?'

스스로 질문을 던져 보다가 나는 머리를 저었다.

'나는 무엇인가?'가 맞는 질문이라고 느껴졌기 때문이다.

남편인 아담은 깊게 잠들었다가 깨어나서 나를 보자마자

"이는 내 뼈 중에 뼈요, 살 중의 살이로다!"

라고 말했다. 그리고는 나를 〈여자 woman〉라고 부르겠다고 말했다. 〈남자 man〉에게서 나왔기 때문이라고 했다.

man에 wo를 붙인 것, 그것이 나, 여자이다. wo는 혼자서는 아무 것도 아니었다. wo 없는 man은 온전하지 않을 뿐이다.

내가 있으므로 남편은 온전했다. 내가 없다면 남편은 완전한 사람이 될 수 없었다.

그렇지만 나는 남편 없이는 아무것도 아니었다. 오직 man이 있어야만 비로소 wo는 존재한다. 나는 그것을 다 알고 있었다. 그런데도 실패하고야 말았다.

그렇다. 문제는 내가 남편을 존중하지 않은 데 있었다. 나는 결코 그렇게 행동해서는 안 되었다. 내 위치를 잊지 말아야 했다.

뱀이 내게 다가와서 말을 건넸을 때 나는 단호하게 말했어야 했다.

"내 남편을 불러올 테니 기다려라."

그랬다면 뱀은 감히 내게 더 이상 말을 시키지 않았으리라. 하지만 나는 악한 뱀과 대화를 나누고 말았다.

"하나님이 참으로 너희더러 동산 모든 나무의 실과를 먹지 말라고 하시더냐?"

뱀은 얼마나 간교하게 물었는가? 의문부호는 마치 뱀이 일어나서 "하나님이 그렇게 말씀하시더냐?"라고 묻는 모습과 같다.

참으로 그것은 함정이었다. 하나님 말씀을 의심하도록 만든 함정 말이다. 뱀의 말은 내 혼을 점령했다. 생각과 감정과 의지를 점령했다. 나는 내 생각대로 판단해서 말했다.

"아니, 동산 나무의 실과를 우리가 먹을 수 있으나 동산 중앙에 있는 나무의 실과는 하나님의 말씀에 '먹지도 말고 만지지도 말라. 우리가 죽을까 하노라' 하셨지."

어리석게도 나는 뱀과 이야기하면서 내가 뱀의 생각에 서서히 중독되고 있다는 것을 알지 못했다. 그랬기 때문에 나는 그처럼 어리석게 하나님 말씀에 내 생각대로 의견을 살짝 붙여버린 것이다.

하나님은 '정녕 죽으리라.'고 말씀하셨는데 나는 '죽을까 하노라.'고 말했다. 그뿐인가, 하나님은 먹으면 죽는다고 하셨는데 나는 만지지도 말라고 했다고 말을 보탰다. 사실 나는 그 지식의 나무를 볼 때마다 두려웠다. 만지기만 해도 죽을 것 같았다.

뱀은 내 말이 끝나자마자 기다렸다는 듯이 "너희는 결코 죽지 않아!"라고 단언했다.

"왜 하나님이 지식의 나무 열매를 못 먹게 했는지 모르는 거야? 그건 바로 네가 그것을 먹으면 하나님과 같이 된다는 것을 하나님이 아시기 때문이지. 너는 하나님처럼 지혜롭게 될 것이다."

뱀의 말을 듣고 그 나무를 보니 먹음직도 하고 보암직도 하고 지혜롭게 할만큼 탐스럽기도 했다. 그토록 만지기도 두려웠던 나무가 말이다.

내 감정에도 독이 퍼졌기 때문이다. 독은 내 의지에까지 퍼졌다. 나는 그 열매를 따고 말았다. 그리고는 나도 먹고 남편에게도 주었다. 남편은 내가 준 열매를 들고 고통스러운 눈으로 나를 바라보았다.

'이걸 먹으면 안 된다는 것을 알고 있잖은가. 우린 이제 죽는 거야.'

그러나 그는 먹었다.

나는 안다. 남편은 나를 사랑하기 때문에 그 열매를 먹은 것이다.

무엇을 먹느냐 그것은 너무 중요한 일이다. 왜냐하면 내가 먹은 것이 내가 되기 때문이다.

내가 포도를 먹었을 때, 포도는 내가 된다. 그러므로 그 열매는 내가 되었다. 〈선과 악을 알게 하는〉 나무 열매, 그것이 내가 된 것이다.

우리는 그 열매를 먹자 알게 되었다. 우리가 벌거벗었다는 것을.

그래서 우리가 열매를 먹고 처음 한 일은 무화과나무 잎으로 옷을 만든 일이었다. 그러고나서 우리는 지금 하나님의 얼굴을 피하여 숨어 있는 것이다.

하지만 하나님은 우리를 찾아오셨다. 오셔서 우리의 이름을 부르셨다. 사람을 부르셨다. 아담은 사람이라는 뜻이다.

"아담아, 아담아, 너 어디에 있느냐?"

그랬어야 했다. 하나님이 우리를 부르실 때, 우리가 어디 있는가 물으셨을 때, 우리는 즉시 죄를 자백했어야 했다.

"그 지식의 나무 열매를 따먹었습니다."

그러나 아담은 "내가 벗었으므로 두려워하여 숨었나이다."라고 대답했다.

하나님은 다시 물으셨다.

"누가 너의 벗었음을 네게 고하였느냐? 내가 너더러 먹지 말라 한 실과를 네가 먹었느냐?"

아아, 그때라도 "예, 하나님 제가 그것을 먹었습니다."라고 정직하게 대답했어야 했다.

그러나 아담은 책임을 나에게 돌렸다. 아니 하나님을 비난한 것이나 마찬가지였다.

"하나님이 주셔서 나와 함께 하게 하신 여자, 그가 그 나무 실과를 내게 주므로 내가 먹었습니다."

남편은 이렇게 말한 것과 마찬가지다.

"그것은 내 잘못이 아닙니다. 하나님, 당신이 주신 여자가 문제를 일으켰습니다. 당신이 내게 여자를 주셨기 때문에 그 여자가 내게 주었고 그 여자가 주었기 때문에 내가 먹었습니다."

얼마나 악한 답변인가? 하지만 하나님은 남편을 꾸짖지 않으시고 나를 보며 물으셨다.

"네가 어찌하여 이렇게 하였느냐?"

나 또한 솔직하게 죄를 자백하지 않았다. 자백하지 못한 정도가 아니라 나도 악했다.

"뱀이 나를 꾀므로 내가 먹었나이다."

하나님은 나도 꾸짖지 않으셨다. 하나님은 얼굴을 뱀에게 돌리셨다. 하지만 뱀에게는 "네가 왜 그렇게 했느냐?"고 묻지 않으셨다. 아무것도 묻지 않으셨다.

우리에게는

"네가 어디 있느냐?"

"누가 너의 벗었음을 네게 고하였느냐?"

"내가 너더러 먹지 말라한 실과를 네가 먹었느냐?"

"네가 어찌하여 이렇게 하였느냐?"

하고 물으셨다.

그러나 뱀에게는 다만 "네가 이렇게 하였으니 네가 모든 육축과 들의 모든 짐승보다 더욱 저주를 받아 배로 다니고 종신토록 흙을 먹을지니라." 하시며 심판하셨다.

이제 뱀은 배로 기어야 한다. 하나님은 뱀에게 땅의 영역에서만 움직이도록 제한하셨다. 또한 종신토록 흙을 먹도록 제한하셨다. 흙이 뱀, 곧 사탄의 음식이 된 것이다.

그러고 나서 하나님은 정말 놀라운 말씀을 선포하셨다.

"내가 너로 여자와 원수가 되게 하고 너의 후손도 여자의 후손과
원수가 되게 하리니 여자의 후손은 네 머리를 상하게 할 것이요, 너는
그의 발꿈치를 상하게 할 것이니라."

하나님의 말씀을 들으며 남편이 내 손을 꽉 잡았다. 우리는 지금
하나님을 두려워하며 죽음의 선고를 기다리고 있는데, 하나님은 내
후손이 뱀의 머리를 상하게 한다고 말씀하시고 계신 것이다.

그렇다면 하나님은 우리를 구원하시기 위해 찾아오신 것이 아닌
가!

그래, 그러고 보면 하나님은 질문하시면서 우리의 마음을 만지고
계셨다. 여전히 우리를 사랑하고 계신 것이다. 하나님은 우리를 위해
구원을 예비하고 계셨다. 그러나 또한 타락한 우리에게 고난도 예비
하셨다.

타락하는 데 앞장 선 내게 하나님은 '해산하는 고통과 남편을 사
모하며 남편이 나를 다스리는 것'을 고난으로 주셨다.

그리고 남편에게는 땅이 가시덤불과 엉겅퀴를 낼 것이므로 고난을
받고 수고해야 한다고 말씀하셨다.

"네가 얼굴에 땀이 흘러야 식물을 먹고 필경은 흙으로 돌아가리니
그 속에서 네가 취함을 입었음이라. 너는 흙이니 흙으로 돌아갈 것이
니라."

남편은 하나님의 말씀을 듣고는 뛸 듯이 기뻐했다.

"아아, 우리에게 주어진 것은 멸망이 아니라 단지 고난이요. 하나
님께서 우리에게 기쁜 소식을 주고 계신 거요."

그러면서 남편은 내 이름을 하와라고 불렀다. 하와란 '살다' 라는 뜻이다.

"하와, 당신은 죽지 않을 것이다! 당신은 살 것이다!"

나는 남편만큼 기뻐할 수는 없었지만 하나님이 우리에게 놀라운 약속을 선포하셨다는 것을 깨달았다.

우리는 곧 눈물을 펑펑 흘리면서 하나님께 감사했다. 하나님이 우리에게 양가죽 옷을 지어 입혀 주셨기 때문이다.

하나님은 우리 앞에서 양을 죽이셨다.

남편이 감격으로 몸을 떨면서 말했다.

"하와, 우리는 타락했고, 죄를 범했고, 하나님의 금지하심을 어겼기 때문에 우리의 피가 흘려져야 했소. 그러나 하나님은 우리를 죽이지 않으시고 이 양을 죽이시는구려. 우리 대신 저 양들이 피를 흘렸소. 저 양들은 우리의 대치물이요!"

양이 죄로 죽어야 할 우리를 대신해서 피를 흘리고 죽었다. 그리고 그 양가죽으로 하나님은 우리에게 가죽옷을 지어 입혀 주셨다.

양털가죽 옷을 입은 남편은 양처럼 보였다. 나 또한 그렇게 양처럼 보일 것이다.

여자의 후손인 예수 그리스도의 피로 구원을 받고, 그분으로 옷 입은 사람들이 예수처럼 보이는 것처럼. ♧

하나님과 동행하기

아빠는 어젯밤 너희들이 가정 집회 때 창세기 5장을 읽으면서 킥 킥 웃었던 이유를 알고 있다. 아빠도 옛날엔 그랬으니까.

아마도 너희들은 킥킥 웃는 것이 미안해서 '성경 말씀이 뭐 이래.' 하고 생각했을지도 모른다. 그냥 읽으면 정말 지루하고 재미없는 것이 창세기 5장이지. 발음하기조차 어려운 사람들의 이름이 쫙 나오는데다 계속되는 동사는 '살고, 낳고, 살고, 낳고, 죽고'이니 말이다.

감동이 되는 좋은 글귀나 어떤 놀라운 사건도 없고, 그들의 생활에 대해서는 단 한마디도 언급하지 않고, 단지 그들이 살고, 낳고, 죽었다라고 쓰여진 족보.

하지만 누림아, 들림아! 창세기 5장은 아주 놀라운 기록이란다. 자세히 읽어보면 〈살다〉라는 말이 각 사람에게 두 번씩 사용되었고, 〈낳다〉라는 말은 세 번씩 사용되었다는 것을 발견할 수 있을 것이다.

예를 들면 아담은 123년을 살고 '셋'을 낳았으며 셋을 낳은 후 800

년을 살며 자녀를 낳았다고 기록되어 있지.

이 의미를 알겠니? 이것은 창세기 5장에 있는 사람들이 다만 살고, 그리고 낳았음을 나타내는 것이란다. 낳는 것은 열매 맺는 것과 같은 뜻이라는 것을 기억하기 바란다.

그러므로 얘들아!

우리는 이 창세기 5장의 사람들이 정말 의미있게 살고, 낳았으며 결국에는 그리스도를 낳았다는 것을 깨달아야 한다.

왜 갑자기 그리스도가 언급되느냐고?

이 창세기 5장을 누가복음 3장의 족보와 함께 놓고 보면 결국 이 족보는 하나님으로 시작해서 그리스도께 이르는 것을 알 수 있기 때문이란다. 놀랍지 않니?

그러나 슬프게도 여기 살고, 낳고 외에 다른 낱말이 하나 있구나. 그것은 그들이 살고, 낳고 그리고 죽었다는 것이다. 아무리 살고, 낳는 열매 맺는 역사가 있었지만 죽음 아래 있을 수밖에 없었다니……. 죽음은 사람의 타락의 최종 결과란다.

아담의 타락 이후 사망은 계속해서 진행되고 있으며, 사람들은 매일 그 위협 아래 있단다. 오늘 구원을 받은 우리까지도 육체적으로, 정신적으로 그리고 영적으로 사망의 죽임 아래 있지 않느냐. 하지만 모두가 사망 아래 있었던 것은 아니란다.

다시 5장을 읽어보렴. 10세대의 기록 중에서 한 세대는 사망에서 벗어난 것을 볼 수 있을 거야. 그래, 바로 에녹이다.

21절과 24절은 이렇게 말하고 있구나.

─에녹은 65세에 므두셀라를 낳았고, 므두셀라를 낳은 후 300년을 하나님과 동행하며 자녀를 낳았으며 그가 365세를 향수하였더라. 에녹이 하나님과 동행하더니 하나님이 그를 데려가시므로 세상에 있지 아니하였더라.─

에녹은 살았고, 낳았고, 하나님과 동행했고, 낳았으며 죽지 않았다. 하나님은 에녹을 데려가셨다. 하나님이 왜 그를 데려가셨다고 생각하니? 히브리서 11장 5절에 정확한 답이 있단다.

─믿음으로 에녹은 죽음을 보지 않고 옮기웠으니.─

하나님이 그를 데려가신 목적은 그가 죽음을 보지 않게 하기 위함이었다고 한다. 그러므로 사망은 그를 죽이는 역사를 멈출 수밖에 없었다.

사망의 죽임을 정복한 에녹!

성경은 그에 대해 그다지 많이 기록하고 있지 않다. 하지만 창세기, 히브리서, 유다서에 계시된 것만으로도 그의 생활을 충분히 짐작할 수가 있단다.

유다서는 에녹이 살았던 환경에 대해 말하고 있는데, 유다는 그 시대의 사람들과 그들의 행위를 묘사하면서 네 번이나 '경건치 않은'이란 낱말을 사용했다. 그만큼 그 당시 모든 상황, 환경, 사람들, 그리고 사람들의 행동이 경건하지 않았다는 거지.

하지만 에녹은 경건했으며 거룩한 생활을 했고, 하나님의 계시를 받아 경건치 않은 세대를 심판하시리라는 예언을 했다.

유다가 14절에 에녹이 '성도들(거룩한 자)'이라는 놀라운 단어를 사용하며 예언했다고 기록하고 있는 것을 보아라.

에녹이 홍수에 대한 예언을 한 것은 65세 때였다. 에녹의 아들 '므두셀라'라는 이름의 뜻이 '저가 죽을 때 그것(홍수)이 오리라'라는 것을 보면 알 수 있지. 그러니까 에녹은 자기 아들 이름을 므두셀라라고 지음으로 장차 올 홍수의 심판을 예언한 거란다.

에녹의 예언은 므두셀라가 죽은 해에 이루어졌다.

한번 계산해 볼래?

므두셀라는 187세에 라멕을 낳았고, 라멕은 182세에 노아를 낳았으며, 노아가 600세 되던 해에 홍수가 왔지. 그러니까 홍수는 에녹이 예언한 지 969년이 지나 이 땅에 임했어. 정확하게 바로 므두셀라가 죽은 해였지.

에녹은 예언하고 300년을 하나님과 동행했고, 그리고 휴거되었다. 에녹은 최초로 휴거 된 사람인 거야.

히브리서 기자는 그가 하나님이 계신 것을 믿으며 그분이 상 주시는 분임을 믿는 믿음 안에서 그렇게 했다고 말한다.

지금 우리는 또 이 세상의 심판이 오리라는 예언 안에서 살고 있다. 그러므로 휴거되기를 기대한다면 하나님과 동행해야 한다. 단지 그것이 비결이다.

너희들도 하나님과 동행하고 싶니? 그렇다면 너희는 보폭을 하나님께 맞춰야 한다.

중요한 것은 에녹이 하나님과 동행했다는 것이다. 하나님이 에녹과 동행한 것이 아니고 말야.

너희들은 "그게 뭐 다른 말인가요?" 할지도 모른다. 그러나 다르다. 아주 다르고말고.

너희들 기억하니?

초등학교 시절에 아빠랑 산책할 때마다 너희들은 "아빠, 천천히 걸어가요." 하고 말했지. 그때 나는 너희들과 동행하기 위해 천천히 걸어야 했다.

그러나 아빠가 회사에 일찍 출근할 일이 있는 날은 너희들은 아빠와 같이 집으로 돌아오기 위해 뛰어야 했지. 아빠의 빠른 걸음에 맞추기 위해서 말이다. 그때는 너희들이 아빠와 동행한 것이다. 알겠니?

사실 하나님이 사람과 동행하는 것은 그 사람이 하락하고 있을 때란다.

주님이 부활하셨을 때 두 제자가 엠마오로 내려가고 있었다는 말씀을 기억하는지 모르겠구나. 그때 주님은 그들과 동행하셨다.

맞다. 주님이 그들과 동행한 것은 그들이 예루살렘을 떠나서 엠마오로 내려가고 있었기 때문이었다. 그분은 그들을 다시 예루살렘에 데려오시기 위해 그들과 동행했던 것이다.

하나님은 때때로 너희들이 오락실에 가거나 극장에 갈 때, 또 노래방에 갈 때 너희들과 동행하신다. 너희를 하나님께 다시 데려오기 위해서 말야.

누림아, 들림아!

아빠는 소망을 가지고 너희 이름을 누림이와 들림이라고 지었다. 그 이름을 가진 사랑하는 딸과 아들인 너희들이 주 예수를 누리고 들림 받기를 원하기 때문이었다. 물론 그 이름을 같이 짓던 엄마도, 나도 들림 받기를 소망했기 때문이었고…….

지금 우리는 에녹이 살던 그 시대보다 더 경건치 않은 악한 시대에 살고 있다. 하나님을 알지 못하는 사람들조차도 '말세'라고 말하는 것을 너희들도 들었을 것이다.

그러므로 사랑하는 아이들아!

아빠는 너희가 창세기 5장의 기록에서 해답을 얻기 바란다.

우리 모두 에녹처럼 온전히 사망에서 옮겨지는 방식으로 살기 위해 하나님과 동행하자. 하나님과 동행하려면 우리는 그분이 계심과 또한 상 주시는 분임을 믿어야만 한다. 그분의 말씀을 믿고, 그분의 말씀을 따라 살고, 믿음으로 그분과 동행할 때, 우리는 데려감을 당할 것이다.

창세기 5장이 노아로 끝나는 것은 얼마나 우리에게 위로가 되는지. 노아라는 이름은 위로, 안식을 뜻하기 때문이란다.

다시 너희들이 창세기 5장을 읽는다면 이제는 웃음 대신 간절한 기도가 나올 것이다.

"주 예수여, 우리로 하나님과 동행하게 하소서!" ♧

내 이름은 므두셀라

이제 내 나이 969세, 참으로 긴 세월을 살았다.

나는 안다. 이제 곧 내 인생이 끝나리라는 것을. 사실, 내 인생이 끝난다는 것은 이 세상 모든 것이 끝이라는 것을 의미한다. 아버지 에녹이 내 이름으로 예언한 것처럼.

손자 노아가 만드는 방주도 다 지어졌다. 그렇게 많은 비웃음과 조롱에도 개의치 않고 노아는 산 중턱에 방주를 지었다. 그리고 120년 동안이나 비난과 반대 속에서 사람들에게 의를 전했다.

나는 정말이지 하나님의 은혜를 입은 손자 노아를 사랑한다.

내가 300세 되던 해 아버지는 들림을 받았다. 아버지의 생활은 한마디로 하나님과 동행한 생활이었다.

아버지는 늘 내게 이렇게 일렀다.

"보아라. 이제 하나님이 경건치 않은 사람들을 심판하실 것이다."

정말이지 세상은 너무 경건치 않은 것들로 가득 차 있었다. 아버지는 사람들에 관하여 예언을 했다.

"보라! 주께서 그 수만의 성도들과 함께 임하시나니 이는 뭇사람을 심판하사 모든 경건치 않은 자의 경건치 않게 행한 모든 경건치 않은 일과 또 경건치 않은 죄인의 주께 거스려 한 모든 강퍅한 말로 인하여 저희를 정죄하려 하심이라."

아버지는 하나님께 계시를 받아 내 이름을 므두셀라라고 지었다. 므두셀라라는 말은 〈저가 죽을 때 그것이 오리라〉라는 뜻이다. 그 심판이 내가 죽을 때 임한다는 것이다. 그러므로 내 이름은 예언이었다.

"므두셀라야, 네 이름을 부를 때마다 옷깃을 여미게 된다."

내가 243세였을 때 돌아가셨지만, 아담 할아버지는 내 이름 부르는 것을 좋아하셨다.

"에노스를 부를 때마다 내가 무엇인지를 깨달았는데, 네 이름을 부르면 내가 무엇을 해야 할지 알게 되는구나."

에노스라는 이름은 〈깨지기 쉬운 그릇〉이라는 뜻이었다.

"사람은 단지 깨지기 쉬운 그릇인 게야. 그러므로 우리는 늘 하나님을 부르고 의지하고 살아야 하는 거란다."

에노스 할아버지가 태어나고서야 비로소 사람들이 여호와의 이름을 불렀다고 아담 할아버지는 알려주셨다.

아담 할아버지는 기회만 있으면 사람들에게 에덴동산에서 있었던 일을 말해 주셨다. 죄를 짓고 숨은 할아버지와 할머니를 찾아오신 하나님이 양을 잡아 죽여 그 가죽으로 옷을 만들어 주셨던 일을.

"우리가 죽어야 했는데 양이 피를 흘리며 희생되었다. 그러므로 우리는 언제나 하나님께 나가려면 희생의 피가 필요하단다."

아버지는 아담 할아버지 말을 즐겨 들으셨다. 그리고 그 모든 것을 내게 일러주셨다.

그러나 이미 사람들은 하나님을 떠나 있었다. 아니 떠났다기보다 하나님의 존재조차도 믿지 않았다. 이 세대는 부패하고 강포로 가득 하다.

하지만 하나님이 언제까지나 사람들이 이토록 악하게 그냥 두시지는 않을 거라고 아버지는 늘 말씀하셨다.

"하나님이 존재하심을 믿어야 한다. 그리고 그분은 찾는 자에게 상을 주시는 분임을 잊으면 안 된다."

내가 태어나서 아버지가 들림 받기까지 300년 동안 본 것은 아버지는 모든 것을 하나님께 묻고 행동하셨다는 것이다. 아주 작은 일이라도 하나님의 임재가 없으면 하지 않았다.

아버지는 심판에서 구원 받을 것을 바라보며 밤낮으로 예언이 성취될 것을 기다리셨다. 그 기다림이 아버지의 생활을 통제했다.

세상은 그토록 경건치 않은 것들로 가득 찼지만 하나님과 동행하는 아버지를 그 경건치 않은 속으로 끌고 가진 못했다. 그리고 그와 같은 하나님과의 동행은 아버지를 이 땅에서 하나님께 들림 받도록 했다.

아버지가 들림 받은 후 사람들은 그 사실을 부인하려고 아버지를 찾고 찾았다. 그리고는 결국 "어디에서도 그를 발견할 수 없다."라고 털어놓았다.

나는 아버지처럼 그렇게 놀라운 삶을 살진 못했다. 그러나 내 아이들에게 아버지에게서 들은 하나님을 전해주었다. 아담 할아버지와 에노스 할아버지로부터 들은 모든 이야기도 전해주었다.

"사람은 하나님을 떠나서는 결코 살 수 없다. 우리는 결코 하나님 앞에 나갈 수 없는 사람들이다. 그러나 피를 볼 때 하나님은 넘어가신다고 하셨다. 하나님 앞에 나가려면 피가 필요하다."

나는 살아 생전 아담 할아버지가 가인 할아버지 때문에 가슴저려 하는 것을 수도 없이 보았다는 이야기도 들려주었다.

"참으로 하나님은 오래 참으시는 하나님이시다."

가인에게까지 참으셨던 하나님을 생각할 때마다 아담 할아버지는 하나님께 감사한다고 했다.

"그러나 가인은 끝내 회개하지 않고 자신의 길을 갔다. 하나님의 임재를 떠나버렸다. 나는 낙원에서 쫓겨났지만 가인은 스스로 떠났다. 그렇게 피에 대해서 일러주었는데도 듣지 않고, 제 방법대로 하나님을 경배한다고 하더니 필경에는 동생을 죽이고 유리하는 자가 되어 버렸다. 가인이 하나님을 떠나 처음 한 일은 성을 쌓은 일이었다. 자신을 보호하기 위해서 말이다. 하나님을 떠나선 보호받을 길이 없다는 것을 모르고, 성 이름조차도 아들 이름과 똑같이 에녹 성이라고 지었으니 성을 아들처럼 사랑한다는 의미가 아니겠느냐. 얼마나 어리석은 일이냐. 하나님을 사랑하면 될 것을."

할아버지들의 가르침이 내 아들 라멕에게 전해졌다는 것을 나는 안다. 라멕은 아비인 나보다 먼저 이 세상을 떠났지만, 어그러지고 거스르는 이 세대에 노아에게 하나님께 속한 것을 가르쳤을 것을 생각하면 평강이 있다.

그런 면에서 내 아들 라멕이 할아버지 에녹이 들림 받은 것을 본 것을 하나님께 감사한다.

노아는 비록 내 아버지가 들림 받은 후 태어났지만, 그래서 들림 받는 것은 보지 못했지만 내 아버지처럼 하나님과 동행하는 삶을 살고 있는 것이 너무 기쁘다. 하나님의 은혜가 필요한 것을 알고 있는 것이 너무 기쁘다.

사람들은 노아가 의로운 사람이라는 것을 알고 있으면서도 그가 전하는 말을 듣지 않는다.

아, 두려운 일이다. 노아가 지은 방주에 들어갈 사람은 과연 얼마나 될 것인가?

하나님은 이 세상을 심판하실 것이다. 내 이름이 말하는 것처럼 내가 죽을 때 그 심판이 임할 것이다. 하나님은 더 이상 참지 않으실 것이다. 네피림 때문이라는 것을 나는 안다.

가인같이 악한 자에게도 사랑을 베푸셨던 하나님이지만 네피림만큼은 결코 용납하실 수 없는 것이다.

네피림! 해석하면 타락한 자들이라는 의미였다.

아담 할아버지와 하와 할머니를 타락시켰던 사탄은 타락한 천사들을 선동했다. 사람의 여자들과 결혼하도록 부추긴 것이다.

공중에서나 살아야 할 천사들이 땅으로 내려와 사람과 섞이다니. 타락한 천사와 사람과의 혼합으로 태어난 것이 네피림이었다. 그래서 그들은 사람들보다 더 크고 용사이며 대장부다. 또 더 유명했다.

하지만 하나님은 이 네피림들이, 순수한 사람이 아닌 혼합된 이것들이, 사람이 살도록 만들어 놓은 땅 위에서 사는 것을 참으실 수 없는 것이다.

거기다가 사람들은 이제 육체가 되어 버렸다. 끔찍한 일이었다.

그래서 하나님은 땅 위에 사람 지은 것을 한탄하시면서 지면에서 사람과 육축과 기는 것과 공중의 새까지 다 쓸어 버리겠다고 하신다.

이제 곧 심판이 시작될 것이다. 이 세상은 다 끝날 것이다.

그러나, 그러나 여호와께 은혜를 입은 노아가 있는 것은 얼마나 기쁜 일인가? ♧

누가 문을 닫았느냐?

산자락에 서서 셈은 마을을 한 번 더 돌아보았습니다. 이제 다시는 마을에 가서 사람들에게 홍수를 피하자고 전할 일이 없을 것입니다. 그동안 그토록 열심히 전했는데도 한 명도 얻지 못했다는 것이 참으로 슬픕니다.

조금 전에 아버지는 여호와께서 하신 말씀을 전해주었습니다.

"자, 이제 방주 안에서만 생활한다. 이제 일주일 후에 하나님은 사십 일 동안 비를 내리신다고 하셨다."

여기저기 빌딩을 세우기 위해 분주히 일하는 사람들이 보입니다. 화려한 건물들 그 사이로 몰려다니는 사람들의 모습도 보입니다. 사람들의 얼굴은 정확히 보이지 않지만 셈은 압니다. 그 사람들이 거의 결혼식장에서 쏟아져 나온 사람들이라는 것을.

그들은 언제나 그랬던 것처럼 결혼 잔치에서 먹고, 마시고, 춤추다가 몰려다니며 싸우고 온 마을을 난장판으로 만들 것입니다. 셈은 안타까움으로 눈물이 쏟아질 것 같아 입술을 꾹 깨물었습니다.

"하나님, 그나마 구름이라도 짙게 끼면 사람들은 우리말을, 아버지 말을 믿을지도 모를 텐데요."

하지만 하늘은 여전히 맑고 푸릅니다. 얼마 전 증조 할아버지 므두셀라가 돌아가셨을 때 "이제 곧 홍수가 임할 것이다."라고 아버지 노아는 말했습니다.

물론 셈은 알고 있습니다. 므두셀라 할아버지의 이름이 바로 '저가 죽은 후에 그것이 오리라.'라는 뜻이며 그것은 바로 홍수라는 것을. 므두셀라 할아버지는 셈 형제들에게 고조부 에녹 이야기를 많이 들려주었습니다.

"우리 아버지, 즉 너희 고조부는 65세에 나를 낳고 홍수를 예언했단다. 그런데도 사람들은 하나님을 두려워하지 않는구나. 너희 고조부가 하나님과 동행하다가 들림 받는 것을 두 눈으로 보았으면서도 말이다. 내가 300세 때였지."

므두셀라 할아버지는 969세를 사셨습니다. 아들인 우리 할아버지 라멕보다도 5년을 더 사셨습니다.

"너희 아버지 노아를 보면 우리 아버지 생각이 난다. 하나님과 동행하며 사는 모습이 너무 닮았다. 그래서 하나님은 너희 아버지를 축복하시고 방주를 건축하는 일을 맡기신 게야. 아버지를 본으로 해서 살아가거라. 너희 아버지는 한 노선을 따라 살아왔어. 아담과 아벨과 에노스 할아버지가 걸었던 길, 그리고 우리 아버지가 걸었던 그 길."

방주를 건축하기 시작한 지 120년, 그것은 참으로 긴 세월이었습니다. 셈의 형제가 태어나기 전, 480세 때부터 아버지는 방주를 건축했습니다.

아버지 옷에서는 늘 역청 냄새가 났습니다. 아니, 아버지 옷뿐만이 아닙니다. 모든 가족들 옷에서 역청 냄새가 났습니다.

"배라면 바닷가에서 만들어야 되는 거라고 네 아버지에게 알려드려라."

산 중턱에서 만드는 방주는 모든 사람들의 비웃음거리였습니다.

게다가 다 만들어진 배의 모습은 배라기보다는 네모난 커다란 궤짝이었습니다. 그도 그럴 것이 길이가 300규빗(약 133m), 너비 50규빗(약 22m), 높이 30규빗(약 13.3m)이나 되는 3층 짜리 정방형이었습니다.

"이 방주에 아버님의 설계대로 지은 곳은 없나요?"

"없다! 단 한군데도. 모두 하나님이 명하신 대로 한 것이다."

"그런데 저 창문이 너무 높은 곳에 있잖아요? 천장에서 한 규빗(약 44.4cm) 되는 곳에 창문이 달려 있으니 하늘밖에 안 보이네요."

"맞았다. 바로 그거다. 우리는 저 창문으로 오직 하늘만 볼 거란다. 너희들, 저 창이라는 말과 정오라는 말이 같은 낱말인 것을 알지?"

"정오!"

"바로 그렇단다. 정오란 햇빛이 가장 우리와 가까운 시간이다. 우리는 저 창문으로 오직 하나님을 바라보고, 저 창 아래 있으므로 우리는 정오의 빛을 가득 받을 거란다."

하늘만 보이는 창이 있는 방주!

그 방주에는 지금 2층까지 새들, 짐승들 그리고 육축들이 꽉꽉 차 있습니다. 아침부터 모든 동물들이 모여 들었습니다.

종류대로 끼리끼리 날아오고, 달려오고, 기어왔습니다. 정말이지 그 모습은 장관이었습니다.

"이제는 아무래도 문을 닫아야 할 것 같아. 동물들이 이렇게 가득 있으니."

함의 말에 모두들 그 말이 그럴 듯해서 문을 닫기로 했습니다. 하지만 이게 웬일입니까? 아무리 문을 닫으려 해도 문은 전혀 움직이지 않았습니다.

"어떻게 된 거야. 움직이지 않으니. 문이 잘못 만들어진 거 아냐?"

"아냐 잘못된 건 없어. 아버님은 하나님이 명하신 대로 만들었다고 하셨어."

모두들 힘을 합해 문을 닫으려고 했지만 문은 닫히지 않았습니다. 셈과 야벳, 함 그리고 여자들까지 힘을 합해 보았지만 문은 꿈쩍하지 않았습니다. 모두들 문을 닫으려고 애쓰는 것을 보고 아버지 노아도 거들었습니다. 그러나 여전히 문은 닫히지 않았습니다. 그런데 갑자기 아버지가 문에서 손을 뗐습니다.

"이 문은 사람의 힘으론 닫히지 않는 거야. 우리가 어리석었구나!"

셈과 야벳과 함은 아버지 노아의 말에 깜짝 놀랐습니다.

"저 많은 동물들을 이 방주로 이끄신 하나님께 우리 이렇게 기도하자. 하나님이 열어 놓은 문을 결코 닫으려고 애쓰지 않겠다고."

정말 그 일주일 동안 한 마리의 새도 짐승도 육축도 방주를 빠져나

가지 않았습니다. 그동안 사람들이 그 소식을 듣고 호기심에 반짝이는 눈으로 방주를 찾아왔습니다.

"정말 이 동물들이 스스로 왔다는 거요?"

"거짓말이지? 이렇게 많은 동물들이 어떻게 이 방주를 찾아온단 말이오. 미친 노아가 꾸며낸 말이지. 아들이 셋이나 있는데 저들이 산과 들에서 잡아들인 것이 분명해."

"그렇다고 하더라도 어떻게 모든 종류의 동물들을 잡아왔을까? 신기하긴 하군요."

"결국 이 방주는 동물원을 만들려고 120년을 만들었다는 거 아냐."

사람들은 놀라기도 하고, 한편으로는 신기해 하면서 그리고 노아를 비웃으면서 방주 안을 기웃기웃 구경했습니다.

그러나 노아의 가족들이 "이제 며칠 안 남았어요. 2월 17일부터 비가 내립니다. 홍수가 납니다. 이리로 피하세요." 하고 애타는 마음으로 이야기하자 픽픽 웃으며 "저 하늘 좀 보세요. 저렇게 맑고 깨끗한 하늘에서 비가 온단 말이오?" 하고 더 있기도 싫다는 듯 휑 하고 돌아가 버렸습니다.

가끔 몇 사람은 잠깐 방주 안에 남아 있기도 했습니다.

"만일 홍수가 나면 죽을지도 모르니 여기 있어 봐야겠어. 먹을 것도 잠잘 곳도 준다는데 뭘."

"그러게 말이에요. 우리가 겪어 봤지만 노아야 120년 동안 이 방주를 만드는 정신 나간 짓만 빼면 의로운 사람이니까요."

"믿어 보자고요. 홍수가 안 나면 그야 다행이지만 홍수가 난다면 큰일이지요. 요즘 세상이 좀 악해요? 하나님이 노하실 만도 해요."

그러나 그렇게 말하던 사람들도 햇볕이 쨍쨍 내리쬐는 날이 계속 되자 하나 둘 방주를 빠져 나가 버렸습니다.

"술 생각이 나서 견딜 수가 없군."

"오락실도 없으니 재미가 없어요."

"비는커녕 구름도 한 점 없는데, 우리가 어리석었어."

셈은 방주를 떠나는 사람들에게 하루만 더 있어 보라고 애원을 했 지만 사람들은 더 기다릴 필요가 없다고 했습니다. 날씨는 참으로 맑 고도 맑았습니다.

"다들 가버리고 결국 우리 가족만 남았어요."

"오늘이 2월 17일인데요."

셈이 마지막 7일이 지난 것을 깨닫고 아버지에게 외칠 때, 바로 그 때였습니다. 문이, 그토록 닫으려고 애썼던 문이 덜컹 소리를 내며 닫혔습니다.

"문이 닫혔어요!"

가족들은 우르르 문 쪽으로 몰려갔습니다.

"문이 닫혔어!"

모두들 문을 밀어 보았으나 문은 열리지 않았습니다.

"아아, 겨우 우리 가족 여덟 명만 구원되다니."

아버지 노아는 신음 소리를 냈습니다.

바로 그때, 무언가 톡톡 방주를 두드리는 소리가 들리기 시작했습 니다.

"빗소리예요!"

빗소리는 점점 커졌습니다. 얼마 후, 밖에서 문 두드리는 소리가 났습니다.

"노아 할아버지! 문 좀 열어주세요."

"셈, 날세. 자네 친구야. 이 문 좀 열어주게."

셈은 밖에서 들려오는 친구들의 목소리를 듣고 급히 문을 열려고 했습니다.

"야벳, 문 좀 열라니까!"

"우리를 구해주세요! 제발 문을 열어주세요!"

밖에서 점점 외치는 소리가 커지고 문을 두드리는 소리도 늘었습니다. 싸우는 소리도 들립니다.

"비켜 봐. 내가 부탁할 테니."

"내가 먼저 왔어요."

방주 안에선 밖에 있는 사람들을 들어오게 하려고 문을 여는 데 있는 힘을 다했습니다. 그러나 문은 닫으려고 애쓸 때 닫히지 않았던 것처럼 아무리 열려고 해도 열리지 않았습니다. 밖에선 비명 소리와 고함 소리가 점점 커졌습니다. 그래도 문은 열리지 않았습니다.

"모두들 손을 놓아라. 우리가 지금 또 어리석은 짓을 하고 있다. 누가 이 문을 닫았느냐?"

"우리가 아니었습니다."

"그래, 하나님이 닫으신 거다. 열면 닫을 사람이 없고, 닫으면 열 사람이 없다는 걸 잊었구나."

비는 하나님 말씀대로 40일 동안 계속 쏟아졌습니다.

하늘 아래 높은 산들은 다 물에 잠겼습니다. 그러나 방주는 물 위에 떠 다녔습니다.

땅 위에 움직이는 생물은 다 죽었습니다. 그러나 노아와 함께 방주에 남아 있던 모든 생물은 다 살았습니다. ♧

－여호와께서 그를 닫아 넣으시니라.(창 7:16)－

셈의 일기

600년(1656년) 2월 17일 맑음 그리고 비

오늘부터 아버지 나이로 연도를 쓰기로 했다. 아담 할아버지가 만들어진 후 1656년이 지났지만 지금 모든 것이 끝나가고 있다. 아니 모든 것이 새롭게 시작되고 있다.

내 나이 98세,

온갖 동물들이 짝을 지어 방주로 들어오고 나서 꼬박 7일을 우리는 기다렸다. 아니 하나님이 기다리신 것이다.

그러나 아무도 오지 않았다. 아버지 노아, 어머니, 나와 내 아내, 함과 그의 아내, 그리고 야벳과 그의 아내, 그렇게 8명만 방주 속에 있다.

아버지가 120년 동안 방주를 만들고, 그렇게 애타게 심판을 전했건만 겨우 우리 8명만 방주에 있는 것이다. 므두셀라 할아버지의 이름처럼 할아버지가 돌아가시자 심판이 오고 있다.

조금 전에 문이 닫히자마자 빗방울이 떨어지기 시작했다. 깊음의 샘들이 터지며 하늘의 창들이 열린 것이다.

600년 4월 27일 비온 후 갬

끔찍하다. 오늘까지 40일 동안 밤낮으로 비가 왔다.

우리는 비가 얼마나, 어떻게 내렸는지 알지 못한다. 왜냐하면 문은 하나님이 굳게 닫으셨고, 창문으로는 오직 하늘만 보인다.

무서운 비다.

우리는 모든 것을 쓸어버리는 비가 두렵지만 방주 안팎에 칠해진 역청을 볼 때 안심이 된다. 역청은 결코 사망의 물이 들어오거나 스며들지 못하게 한다.

방주 안에 있는 것은 구원이다!

밖은 바다 같을 것이다.

나는 방주가 둥둥 떠다니고 있는 것을 느낀다. 이 세상에 우리 외에는 살아 있는 것이 없다.

오늘 처음, 창문으로 파란 하늘이 보인다.

비가 그친 것이다. 깊음의 샘과 하늘의 창을 닫아 더 이상 비는 오지 않는다. 그러나 여전히 땅엔 물이 가득하다.

600년 7월 17일 맑음 그리고 바람

방주가 아라랏 산에 머물렀다.

"부활의 날이다! 우리는 홍수를 통과했다!"

감사의 찬송이 저절로 나왔다.

우리는 단지 방주에 있기만 했을 뿐인데…….

물이 가득한 곳에선 그 어떤 생물도 살 수 없다. 사망이 있을 뿐이다. 그 물 위로 우리가 탄 방주만 둥둥 떠 다녔다.

어떤 면에선 우리도 죽은 자였다. 그렇지만 우리는 살았다.

바람이 불고 있다. 대단한 바람이다. 하나님이 바람을 불게 하셨다. 바람으로 땅 위에 불게 하셔서 물이 줄어들고 있다.

150일 동안 땅은 바다였다. 그 사망의 땅에 바람이 불고 있다.

물은 계속 줄어든다. 사망이 줄고 있는 것이다.

600년 10월 1일 맑음

산들의 봉우리가 보였다. 물이 아주 많이 줄어든 것이다.

600년 12월 10일 맑음

산이 보이기 시작한 지 40일이 지났다.

아버지가 창으로 까마귀를 내보냈다.

까마귀는 물 위를 날면서 왔다갔다 한다.

방주로 돌아오지 않는 것은 물 위에 먹을 것이 많기 때문일 것이다. 모든 것이 죽었으니 말이다.

죽은 것이나 먹는 녀석, 까마귀 같은 삶을 살아서는 안 될 것이다.

아버지는 비둘기 한 마리도 내보냈다.

잠시 후 비둘기는 방주로 돌아왔다.

"온 지면에 물이 가득하여 앉을 곳을 찾지 못한 거야."

아버지가 손을 내밀자 비둘기는 아버지 손에 앉았다.

600년 12월 17일

시험적으로 비둘기를 날려 보낸 후 7일이 지났다.

오늘 아버지는 다시 비둘기를 창으로 날려 보냈다.

아아, 저녁에 돌아온 비둘기는 새 감람나무 잎을 물고 왔다.

'얼마 만에 보는 나뭇잎인가!'

우리는 감람나무 잎을 보고 또 보았다. 신선한 생명이 느껴진다.

"물이 많이 줄어든 거야. 나뭇잎이 보일 정도로."

하지만 비둘기가 돌아온 것으로 보아 아직 땅은 살 만한 곳이 못

된다는 것을 알았다.

600년 12월 24일

또 7일이 지났다.

오늘 아버지는 다시 비둘기를 밖으로 내보냈다.

그리고 비둘기는 다시 방주로 돌아오지 않았다.

비둘기가 살만큼 물이 빠진 것이다.

601년 1월 1일

오늘 아버지는 방주 뚜껑을 열어 젖혔다. 지면엔 물이 완전히 걷혀

있었다. 하지만 하나님은 우리를 방주에서 나오라고 말씀하지 않으

셨다. 아직 사람이 살 만한 땅이 아닌 것이다.

내 나이가 이제 99세로구나.

601년 2월 27일

드디어 하나님이 아버지에게 말씀하셨다.

"너는 네 아내와 네 아들들과 며느리들과 함께 방주에서 나오너라!"

방주의 문이 열리고 우리 가족 8명은 밖으로 나왔다.

땅은 완전히 말라 있었다.

싱그러운 초록 색깔의 나뭇잎!

마른 땅을 밟는 느낌!

우리 가족만 살았다는 것은 방주 안에 있을 때보다 방주에서 나왔을 때 더 강하게 느껴졌다.

우리는 하나님이 말씀하시는 대로 모든 생물들을 다 풀어놓았다.

아버지는 방주에서 나오자마자 여호와를 위하여 단을 쌓았다. 그리고 정결한 짐승과 정결한 새로 하나님께 희생을 드렸다. 하나님께서는 그 향기를 흠향하셨다.

"우리 또한 하나님을 만족케 하기 위하여 자신을 번제로 드려야 할 것이다."

하나님은 번제를 받으신 후 놀라운 약속을 주셨다. 이제 다시는 저주가 없을 것이라는 것이다. 그리고 땅에 축복을 주셨다. 8가지의 축복이다.

　심음과 거둠과 추위와 더위와 여름과 겨울, 그리고 낮과 밤이 그것이다.

　심음(파종)은 시작이고 거둠(수확)은 완성이다.

　추위와 더위, 이것은 우리를 건강하게 한다.

　우리는 사탄에게는 차가워야 하고 하나님에게는 뜨거워야 한다.

　"사탄, 이리 오너라. 너를 얼어죽게 하겠다."

　사람이 살기 위해서는 알맞은 추위와 더위, 여름과 겨울, 낮과 밤이 있어야만 한다.

　그뿐이 아니다. 하나님은 아버지와 우리 가족 모두에게 "생육하고 번성하여 땅에 충만하라!"고 말씀하셨다.

　아담 할아버지에게 축복하셨던 바로 그 축복이 아닌가! 놀랍다.

　하나님은 당신의 목적을 결코 포기하지 않으신다.

　구름 한 자락이 우리를 덮었다.

　"다시 홍수가 나는 것이 아닐까요?"

　구름을 보며 여자들이 두려워했다. 그러자 하나님이 말씀하셨다.

　"내가 너희와 언약을 세우리니 다시는 모든 생물을 홍수로 멸하지 아니하리라."

　그리고는 그 언약의 표시로 구름 속에 무지개를 떠오르게 하셨다.

　"우리는 모두 하나님의 언약 아래서 사는 법을 배워야 한다. 하나님의 언약을 붙들고 살자."

　나는 깨달았다.

　우리는 하나님의 언약 아래 살고 있으며 그분의 완전한 축복 아래 살고 있다는 것을.

　더 이상 정죄가 없고, 심판이 없고, 저주가 없다.

　구름으로 인해 두려워하지 말아야 한다. 구름 속에는 무지개가 있으니까! ✿

그러나 하나님은 한 사람을 부르셨다

홍수 뒤에 땅에는 평강이 가득했다.

노아가 평화롭게 포도원을 경작하며 산 것을 보면 그렇다.

그러나 사탄은 모든 수단을 다 동원하여 사람을 타락시켰다. 하나님의 대리 권위를 손상시키기 위해 사람들에게 많은 나라들을 만들도록 선동했다.

이 세상에 처음 나라를 세운 것은 누구인가? 저주받은 함의 자손으로 구스의 아들인 니므롯이었다. 그는 시날 땅에 바벨을 세웠다.

그는 유명한 사냥꾼이었다.

사냥꾼이 무엇인가? 생명이 있는 것들을 잡고, 죽이는 사람이다. 그는 많은 사람들을 사로잡아 우상을 섬기게 했다.

'아기를 안고 있는 마돈나'는 그의 작품이었다.

어이없게 놀라운 것은 마돈나가 니므롯의 어머니이며 그의 아내라는 사실이다. 니므롯은 그 상을 만들어 신전에 두고 사람들에게 경배하도록 했다.

바벨론 문화의 발전으로 오늘날까지 이 상은 전 세계 즉, 이집트, 인디아, 그리스, 로마 이교도, 티벳, 중국, 일본까지 전파되어 사람들의 경배 대상이 되고 있다.

힌두교 우상 사원에는 이 아기를 안고 있는 마돈나 상이 있다. 그런데 놀랍게도 똑같은 이 상이 가톨릭 성당에도 있다. 이것은 무엇을 뜻하는가?

동방에 가톨릭을 전하기 위해 왔던 사제들은 힌두교 사원에서 이것을 발견하고 바티칸에 보고서를 보낸 기록이 있다. 하지만 여전히 이 상은 마리아와 아기 예수로 이름만 바뀌어져 사람들의 경배의 대상이 되고 있다.

우상 숭배는 어둠을 가져온다. 어둠 속에서 사람들은 하나님을 거역했다.

"하나님이 누구냐? 하나님이 뭐냐? 이 세상에 우리 이름을 내자. 성을 높이 쌓고 대를 쌓아 우리 이름을 높이자!"

그것은 반역이었다. 바벨탑을 쌓은 것은 전적으로 하나님을 향한 반역이었다. 전 인류가 집단적으로 하나님의 권리와 권위에 대항한 것이다.

사람들은 벽돌을 만들어 견고히 구웠다.

돌은 하나님이 만든 것이고 벽돌은 사람이 만든 것이다. 벽돌은 흙을 불로 구운 것이다. 구워진 흙에선 생명이 자랄 수 없다. 그렇다. 땅은 자라나는 생명을 위해 있다. 땅에서 식물이 자라고, 동물이 자라고, 심지어 사람도 땅에서 나왔다. 그러므로 벽돌을 구운 것까지도 하나님을 향한 반역인 것이다.

이제 하나님은 창조된 족속으로는 아무것도 할 수 없는 지경까지 와버렸다. 하나님은 아담 족속을 포기하셨다. 그러나 그렇다고 하나님의 목적을 포기하신 것은 아니었다.

하나님은 새로운 시작을 갖기 위해 타락한 족속 가운데 한 사람을 부르셨다. 아브라함이었다.

BC 2000년경, 우르는 메소포타미아의 큰 성읍이었다. 수메르 제국 전체에 큰 영향을 주는 도시국가였다. 도시는 수십 개도 넘는 신전으로 가득 차 있었다. 달의 신 난나를 섬기는 신전, 난나 신의 배우자 난갈 신의 신전…….

신전은 거의 지구라트(3층으로 된 거대한 탑) 형태로 세워져 있었다. 바벨탑과 그 모양이 비슷한 지구라트는 진흙으로 구운 벽돌로 거대한 계단을 쌓아올려 꼭대기에 이르도록 만들어졌으며 그 꼭대기 위에 신전이 있었다.

이 도시에서 아브람은 태어났다.

아버지 데라는 노아의 큰아들 셈의 후손이었다. 셈의 후손들은 노아가 셈에게 한 축복을 잊지 않고 있었다. 비록 지금은 함의 족속들이 모든 권위를 갖고 있었지만, 노아의 축복이 성취될 것이라는 것을 그들은 조상들에게 들어서 알고 있었다.

"셈의 하나님 여호와를 찬송하리로다! 가나안은 셈의 종이 되고 하나님이 야벳을 창대케 하사 셈의 장막에 거하게 하시고, 가나안은 그의 종이 되게 하시기를 원하노라."

그랬기 때문에 셈의 후예들은 장막에서 살았다.

아브람은 형인 하란과 동생 나홀과 함께 우르에서 살고 있었다.

나이 차이가 많은 형 하란은 밀가와 이스가 그리고 롯을 낳았는데, 동생 나홀은 조카인 밀가와 결혼하였다.

아브람은 '나의 공주'라는 의미를 가진 사래와 결혼하였다.

영광의 하나님이 아브람에게 처음 나타난 것은 바로 이 우르에서였다.

"네 고향과 친척을 떠나 내가 네게 보일 땅으로 가라!"

아브람은 깜짝 놀랐다.

'왜 하나님은 내게 나타나신 건가? 이 보잘것없는 나에게.'

아브람은 급히 이 놀라운 부르심을 가족들과 친척들에게 전했다.

"하나님이 제게 나타나셨습니다. 고향인 이곳과 친척들을 떠나라고 하셨습니다."

"이곳을 떠나라고? 유브라데 강을 건너라고? 강을 건너는 것이 얼마나 힘든 일인 걸 아느냐?"

데라는 고개를 저었다.

형 하란은 화를 냈다.

"무슨 소리냐? 왜 우리가 고향을 떠나야 하느냐. 이 우르는 얼마나 큰 도시냐? 난 떠날 수 없다. 더구나 친척을 떠나라고? 함께 모여 살아야 서로 힘이 되는데……. 네가 잘못들은 거야."

"하나님이 떠나라고 하셨는데……."

말할 때마다 하란은 완강하게 반대했다. 그나마 담대하게 우르를 떠날 자신이 없었던 아브람은 형이 화를 내며 우르를 떠나는 것을 반대하자 그냥 주저앉고 말았다. 아브람은 차츰 하나님의 부르심을 잊어버렸다.

그러다 하란이 죽었다. 아버지는 장남인 형을 잃고 슬픔에 빠졌다.

"아들을 먼저 앞세우다니……."

곧 아버지는 하란의 죽음이 경고라는 걸 느꼈다.

"아브람아, 하나님께서 부르심을 거역하는 하란을 데려가신 것이 분명하다. 그러니 그냥 이곳에 머무른다면 또 무슨 어려운 일이 생길지 모르겠구나. 다시 이런 슬픔을 겪고 싶지 않다. 자, 이곳을 떠나자. 하나님이 네게 나타나셔서 가나안으로 가라고 하셨다면서."

오히려 아버지 데라가 서둘러 그들은 우상의 성읍인 우르를 떠났다. 유브라데 강변을 따라 북쪽으로 북쪽으로 여행을 했다. 500마일(약 805㎞)의 여행 끝에 그들은 하란에 도착했다.

하란은 우르 못지않게 큰 도시였다.

"이쯤 옮겼으면 됐을 거야. 이제 됐다. 갈대아 우르를 떠났으니."

여기에서 아브람은 또다시 아버지의 의견으로 머뭇거렸다. '데라'라는 뜻은 '지체하다, 지연시키다'라는 의미였다.

'강을 건너라'는 하나님 말씀엔 순종하지 않고 아브람은 그 강변에 그저 머물렀다.

그랬다. 갈대아 우르에는 하나님의 의도를 반대하는 '하란'이라는 사람이 있었고, 그리고 그들은 이제 〈하란〉이라는 도시에 머물렀다. 결국 사람 하란을 떠나 도시 하란으로 들어온 것에 불과했던 것이다.

하란은 '메마름'이라는 뜻이다. 하나님의 의도를 거스르는 사람이나 장소는 단지 메마름인 것을 아브람은 깨닫지 못하고 있었다. 그러자 이번에는 아버지 데라가 205세의 나이로 죽었다. 아브람이 75세 되던 해였다.

데라가 죽은 후 하나님이 다시 나타나셨다.

아브람은 알았다. 하나님의 부르심에 지체해서 우르에서는 형을 잃고, 이제 하란에서는 아버지를 잃었다는 것을.

'나의 미천한 생각으로 시간을 낭비했을 뿐이구나.'

하나님은 아브람을 부른 목적이 무엇인지 분명하게 말씀하셨다.

"내가 너로 큰 민족을 이루고 네게 복을 주어 네 이름을 창대케 하리니 너는 복의 근원이 될 것이다. 너를 축복하는 자에게는 내가 복을 내리고 너를 저주하는 자에게는 내가 저주하리니 땅의 모든 족속이 너를 인하여 복을 얻을 것이니라."

너무나 놀라운 축복의 말씀이었다.

그런데 이번에 하나님은 한 가지를 더 추가하시면서 아브람을 불렀다.

"너는 너의 고향, 친척, 아비 집을 떠나 내가 네게 지시할 땅으로 가라."

아비 집까지 떠나라고 요구하신 것이다. 이것은 하나님께서 오직 그의 아내만을 데리고 가고 다른 식구들은 데려가기를 허락하지 않은 것을 말하는 것이었다.

그러나 아브람은 생각했다.

'나는 이제 늙었다. 나에겐 아들이 없다. 가나안까지 가는 긴 여정을 위해 나는 나를 돕는 청년이 필요하다.'

그래서 아브람은 롯을 데리고 하란을 떠났다.

롯이란 이름은 '가림, 덮음' 이라는 의미였다. 천연적인 혈육의 사람이 하나님의 부르심에 가림이 된다는 것을 깨달을 수 있었다면 얼마나 좋았을까?

롯은 여행길에 아브람의 도움이 되지 못했다. 오히려 문제만 일으켰을 뿐이다. 결국 롯은 아브람을 떠나 소돔과 고모라로 갔다.

하나님은 하나님이시다.

누구도 그 분의 뜻을 방해할 수 없다. 그분의 의도를 바꿀 수 없다.

아브람은 그것을 깨달았다.

'하나님이 오셔서 나를 부르신 목적은 하나님의 목적을 성취하기 위한 것이다. 내가 하나님의 목적에 따라 부르심을 받았다면 나의 구원은 그 부르심에 의해 보장된다. 나는 나의 구원에 대해 걱정할 필요가 없다. 나는 하나님의 목적만을 주의할 것이다!'

사도행전 7장 4절은 말한다. 아브라함이 좋은 땅에 들어간 것이 아니라 하나님이 그를 그 땅 안으로 옮기셨다고. ♣

이런 사람이 되고 싶네

나는 오늘 자네에게 한 사람을 소개하겠네.

탈취자였다가 모든 것을 빼앗겨서 결국에는 아무것도 가지지 않은 비어 있는 사람이 된 사람을.

그는 능력이 많은 자였네. 강하였고 누구도 그를 패배시킬 수 없었네. 누구나 그와 만나기만 하면 그에게 패배 당했지. 그의 아버지, 그의 형, 그의 외삼촌……

그는 그의 형과 아버지로부터, 그의 외삼촌으로부터 이득을 취하였네. 그는 심지어 그의 아내들과 하녀에게서까지 이득을 취했어.

그가 인생에서 잃기 시작한 것은 그의 사랑하는 아내가 죽었을 때였지. 아니, 그는 그 사랑하는 아내를 잃을 때조차도 얻었었네. 베냐민이라는 아들을 말일세.

이제 내가 누구를 소개하는지 자네는 알 걸세. 아니 처음부터 알았을 게야.

맞아, 야곱이네.

야곱이란 이름의 뜻이 뭔가? '탈취자'라는 뜻이지. 하지만 그는 탈취자라는 '야곱'의 이름으로 일생을 산 것은 아니라네. 하나님의 왕자라는 의미인 '이스라엘'로 이름이 바뀌게 되거든. 브니엘에서 하나님을 만난 후에 말일세.

그때부터 야곱은 변화되어 가네. 환도뼈가 부서지고, 그의 능력과 야심이 하나하나 부서지네.

하나님은 탈취자인 야곱에게서 한 가지씩 빼앗아 가시지.

사랑하는 아내 라헬을 잃고, 또 사랑하는 아들 요셉을 잃게 되네.

요셉은 팔렸을 때 17세였어. 그리고 요셉이 바로 앞에 섰을 때 30세였지(우리 주님도 30세에 사역을 시작했었지). 그리고는 7년간의 기근이 있었고 다음해쯤 형들이 요셉에게 곡식을 사러 갔으니, 요셉이 팔린 때부터 10명의 아들들이 애굽에 곡식을 사러간 것은 20년 후라는 계산이 나오네.

그 기간 동안 야곱이 무엇을 했는지 성경은 아무것도 말하고 있지 않네.

생각해 보게. 자네가 야곱이었다면 무엇을 했을 것 같은가?

야곱은 일찍이 오직 라헬에게만 관심이 있었네. 라헬이 죽은 후 1년 동안 야곱의 마음은 온통 요셉에게 가 있었지. 그러므로 요셉을 빼앗겼다는 것은 사실상 야곱이 기쁨과 즐거움을 잃어버렸다는 의미도 될 거야.

이 침묵의 세월 동안, 헤브론에서의 20년 동안, 야곱은 아무런 야심도, 관심도, 할 일도 없는 사람이었어.

라반과 살던 20년 동안 야곱은 라반에 대항하여 싸우느라 모든 시간과 힘을 투자했고, 라헬과 레아, 두 하녀들과 자녀들을 다루는 데 모든 관심을 쏟았지.

이제 사랑하는 모든 것을 빼앗긴 그는 이 20년 동안 은퇴한 사람처럼 살았네. 하지만 그에게 있는 놀라운 하나님의 임재는 결코 누구도 빼앗을 수 없었지.

그러다 사건이 벌어졌네. 가나안 땅에 기근이 있었던 거야. 7년 동안이나 말일세. 물론 이 기근은 한편으로는 하나님께서 요셉을 높이기 위한 환경이었지. 그러나 야곱에게는 또다시 빼앗기는, 아예 비워지는 환경이 되어버렸네. 기근으로 인하여 야곱은 곡식을 사러 열 아들을 애굽에 보내야 했거든.

고대에 헤브론에서 애굽까지는 8일에서 10일 정도 걸리는 긴 여행길이었다네. 열 명의 아들이 떠나고 야곱은 20세 된 베냐민과 남아 있었지.

왕복 한 달쯤 걸리는 그 시간에 야곱은 '내 아들들에게 무슨 일이 일어나지는 않을까? 과연 무사히 다녀올 수 있을까?' 하고 걱정했을 걸세.

야곱의 아들들이 곡식을 가지고 애굽에서 돌아왔을 때 야곱은 시므온이 애굽에 억류되었음을 알았네. 그리고 시므온을 구하기 위해서는 베냐민이 애굽으로 가야 한다는 슬픈 소식을 알았네.

"너희가 나로 나의 자식들을 잃게 하도다. 요셉도 없어졌고 시므온도 없어졌거늘 베냐민을 또 빼앗아 가고자 하니 이는 다 나를 해롭게 함이로다.”

르우벤이 베냐민을 다시 야곱에게 데려오겠다고 약속했지만 야곱은 그 말을 듣지 않았네.

“내 아들은 너희와 함께 내려가지 못하리니 그의 형은 죽고 그만 남았음이라.”

그러나 애굽에서 사온 양식이 다 없어져 다시 애굽으로 가지 않으면 안 되게 되었을 때 야곱은 “모든 것을 충족시키는 하나님이 그 사람 앞에서 너희에게 은혜를 베푸사……” 하면서 하나님의 긍휼을 의지하네.

“내가 자식을 잃게 되면 잃으리라.”

이제 야곱은 그의 재능이나 능력을 신뢰하지 않고 하나님의 긍휼을 신뢰하는 사람이 된 거라네.

베냐민을 그의 형들과 애굽으로 보낸 후 야곱은 혼자 남겨졌네. 아마도 그날 밤 야곱은 생각했을 걸세.

‘내게 무엇이 남았는가? 나의 열두 아이들이 다 가고 무슨 일이 일어날지도 모른다. 첫 번째 여행에서 내 아들들 중 한 아이가 억류되었다. 이 두 번째 여행에서 얼마나 많은 아이들이 다시 억류될지 모른다.’

야곱에게 이것은 얼마나 큰 고통이었겠는가.

그러나 분명히 야곱은 그 모든 것이 하나님의 주권적인 안배라는 것을 깨닫고 있었네. 그러므로 그 시간은 야곱에게 고통이었지만 또

한편으로는 하나님 앞에서 비워지는 시간들이었네.

요셉과 베냐민, 형들이 애굽에서 기쁨으로 있을 그때, 야곱은 집에 홀로 남아 아들들이 돌아오기를 기다리고 있었지.

하나님은 그 기쁜 소식을 야곱에게 빨리 알리지 않으셨네. 그러므로 야곱의 아들들이 애굽에 더 오래 머물러 있을수록 야곱에게는 시련의 시간이 더 길어진 것이었네.

좋은 소식이 야곱에게 이르렀을 때, 그는 완전히 비어 있었네.

성경은 요셉에 대한 소식이 왔을 때 그가 변화되었을 뿐만 아니라 하나님의 생명으로 충만되어 있었다고 말하네.

야곱이 성숙했다는 표시는 요셉이 아직 애굽에 살아 있다는 소식을 들었을 때, 그의 아들들을 책망하지 않았다는 것을 보면 알 수 있네. 과거의 야곱이었다면

"아니, 너희들이 나를 속이다니. 동생을 죽이기로 음모했다가 노예로 팔아먹고 나에게는 짐승에게 찢겨 죽었다고 거짓말을 해? 내가 그 일로 거의 죽게 되는 것을 알면서도 그럴 수가 있었느냐?"

라며 펄펄 뛰지 않았겠는가. 하지만 창세기 45장을 보면 야곱은 누구에게도 책망하지 않았다네.

그뿐인가. 성경은 야곱이 요셉에 대한 이야기를 들을 때 그 마음이 마비되고(냉정해지고), 그 영은 소생되었다고 말하네. 성숙된 사람이 아니면 이런 상황은 있을 수 없네. 기쁜 일에 흥분하거나 들뜨지 않고 오히려 영이 소생될 수 있다니 놀라운 일 아닌가?

야곱은 애굽으로 가기 전에 브엘세바로 가서 희생들을 드리네. 야

곱이 찬송하거나 기도하지 않고 희생들을 드렸다는 것은 오직 그리스도만 하나님의 만족이라는 것을 알았기 때문이네. 더구나 그 전에 야곱은 하나님이 나타나셔서 단을 쌓으라고 분부하셔서 벧엘로 올라갔지만 브엘세바에는 희생을 드리기 위해 스스로 갔던 게야.

애굽에 도착했을 때의 야곱을 보게. 놀랍게 성숙한 한 사람의 아름다운 모습을 볼 수 있지 않은가!

과거의 야곱은 늘 구걸하던 자였네. 늘 가져야만 직성이 풀리는 사람이었으니까.

그러나 여기, 모든 것을 가질 수 있는 위치의 신분이 되어 있는 이 사람이 요구하고 명하고 요청하는 대신, 그의 두 손을 내밀어 축복하는 것을 보게.

야곱은 애굽에 사는 동안 그 자신을 위해 어떤 활동도 하지 않았어. 야곱이 늙어서 아무것도 하지 않았다고 생각하지 말게. 만일 야곱이 늙어서 기운이 없어 가만 있었다면 그는 아들들을 시켜서라도 뭔가를 했을 것이네. 하지만 그는 그렇게 하지 않았네.

보게나, 야곱이 요셉의 두 아들을 축복할 때 했던 말을.

"내 조부 아브라함과 아버지 이삭의 섬기던 하나님, 나의 낳음으로부터 지금까지 나를 기르신 하나님, 나를 모든 환난에서 건지신 사자께서 이 아이에게 복을 주시오며……."

야곱은 하나님의 기르시는 돌봄을 체험했네. 기르는 것은 먹이는 것을 포함하지. 다만 먹고 쉬기만 하는 양들의 모든 필요를 돌보는 것은 누구인가. 목자일세. 양이 먹이를 구하는 것이 아니지.

야곱은 하나님이 목자로서 그를 먹이고 기르는 것을 체험했던 것이네. 그래서 그는 애굽에서 어떤 활동도 하지 않은 것이지.

야곱이 애굽에서 처음에 한 일이 뭔지 아는가? 축복, 바로를 축복한 것이었네. 히브리서는 〈낮은 자가 높은 자에게 복빎을 받는다〉고 말하네. 그러므로 야곱이 바로를 축복했다는 것은 야곱이 바로보다 높은 자라는 증거지.

야곱은 바로 앞에서 정치적으로 공손하게 말하지 않았네. 그는 손을 내밀어 그를 축복하였네.

야곱의 탈취하는 손이 축복하는 손으로 바뀐 것일세. 언제나 탈취하고 발꿈치를 잡던 사람이 그 당시 땅 위에서 가장 큰 사람이 된 거야. 바로보다 큰 자였기 때문에 축복할 수 있었으니 말일세.

야곱처럼 변화되고 성숙된 사람이 되고 싶네. 다른 사람을 축복할 수 있는 사람이…….

내 모든 환경이 하나님께로부터 왔으며 하나님이 나를 기르시는 분이라는 것을 더 볼 수 있기를 바라네. 그리하여 모든 환경마다 나를 비우게 하여 하나님 그분으로 가득 채우고 싶네.

오직 내 안에 그리스도를 채우시기 원하는 그 사랑과 긍휼을 깨닫게 되기를 간절히 바란다네. ♧

남은 것은 안식과 만족이다

이제 여행이 끝나고 있었다. 40년의 긴 여정이었다.

그 40년 동안 애굽에서 나온 날로부터 우리 이스라엘 백성들은 40 곳에서 진을 쳤다. 그리고 여기 요단 강가 모압 평지에서 41번째의 진을 쳤다.

'이제 한 번만 더 진을 치면 된다. 42번 진 친 것으로 우리의 긴 여정은 끝난 거야.'

40이라는 숫자는 시험과 유혹과 고난을 의미하는 숫자였다. 42는 시험 후의 안식과 만족을 의미한다. 그러므로 이제 한 번만 더 진을 치면 우리에게 남은 것은 안식과 만족이었다.

하나님은 우리에게 모압 평지에 진을 치게 하고 모세를 비스가 산 꼭대기로 데리고 가셨다.

"자, 봐라! 내가 아브라함과 이삭과 야곱에게 맹세하여 그 후손에게 주리라 한 땅이다."

하나님은 세밀하신 분이었다. 동서남북 가나안 사방을 다 보여주시고 경계까지 알려주셨다.

모세가 죽은 후 하나님은 여호수아에게 이렇게 말씀하셨다.

─내 종 모세가 죽었으니 이제 너는 이 모든 백성과 함께 일어나 이 요단을 건너 내가 그들 곧 이스라엘 자손에게 주는 땅으로 가라. 내가 모세에게 말한 바와 같이 무릇 너희 발바닥으로 밟는 곳을 내가 너희에게 다 주었나니.─

그러므로 이제 우리에게 남은 것은 요단강을 건너 땅만 밟으면 되는 것이다.

'젖과 꿀이 흐르는 가나안이 우리를 기다리고 있다! 우리가 밟는 땅이 다 우리의 것이 될 것이다!'

어떻게 강을 건널 것인가?

그것은 우리가 걱정할 일이 아니었다. 하나님이 하실 것이다.

이제는 모두 알고 있었다. 결코 서둘러서도 안 되며 미리 행동해서도 안 된다는 것을……. 멈추라고 하면 멈추고 떠나라고 하면 떠나야 했다.

구름 기둥과 불기둥으로 우리를 인도하시면서 하나님은 만나와 메추라기로, 반석에서 나오는 생수로, 우리를 먹이셨다.

이른 아침이면 여전히 우리는 만나를 주웠다.

내일을 염려하여 이틀 분을 줍는 사람도 없었고, 행여나 하고 해가 뜬 후에 만나를 주우러 나가는 사람도 없었다. 일용할 양식을 주시는 하나님을 믿고 누리고 있는 것이다.

하나님은 단 한 번도 그분의 말씀을 변개하지 않으셨다.

40년 동안 그 광야의 생활에서 우리는 얼마나 많은 공과를 배웠는가! 우리의 좋은 뜻이 하나님과 원수가 될 수 있다는 것도 배웠다. 한마디로 40년 동안 배운 공과를 말해 본다면 '하나님은 이시고(God is) 우리는 아니었다(I am not).'

우리는 지난 30일 동안 모세를 위해 애곡을 했다. 우리를 인도하던 그가 죽었기 때문이다. 이상한 것은 모세를 벧브올 맞은편 모압 골짜기에서 장사 지냈는데 누구도 무덤의 위치를 모른다는 것이었다.

왜 하나님은 우리에게 모세의 무덤을 알게 하시지 않는 것일까? 틀림없이 하나님은 목적이 있어서 그렇게 하셨을 것이다.

요단강은 범람하고 있었다. 물살도 셌다. 해마다 밀을 추수하는 때면 요단은 강둑으로까지 넘쳐흐른다고 했다.

옛날 같으면 "우리를 매장할 곳이 없어서 물에 수장하려고 이리로 데려왔느냐?"고 불평하는 사람이 있었을 것이다. 아니면 조금 온순하게 "물살이 부드러워지기를 기다리는 것인가? 물의 양이 줄어들기를 기다리는가?" 하면서 좋은 의견을 말하는 사람도 있었을 것이다. 그러나 지금은 아무도 불평하지 않았다. 다만 기다리고 있었다.

하나님은 요단의 물이 가장 많은 때를 골라서 우리를 이곳으로 인도하신 것이 분명하다. 그래야 하나님의 어떠하심을 우리에게 보이실 것이므로…….

가뭄으로 얕아진 강물을 건너간다면 우리는 하나님의 능력을 볼 수 없을 것이다. 여리고 사람들의 간담을 녹였던 하나님의 그 크신 능력을 말이다.

며칠 전에 여호수아는 살몬과 또 한 사람을 여리고 성으로 정탐을 보냈다.

여리고 성은 튼튼한 성이었다. 여리고의 왕은 튼튼한 성이 그들을 지켜줄 것이라고, 그들의 강한 군대가 그들을 지킬 것이라고 백성들에게 큰소리를 쳤다.

그러나 살몬들을 숨겨준 라합이라는 기생은 여리고 사람들이 우리를 두려워하며 간담이 녹아 있다고 말했다.

라합은 살몬에게

"당신들이 애굽에서 나올 때에 여호와께서 당신들 앞에서 홍해 물을 마르게 하신 일과 당신들이 요단 저편에 있는 아모리 사람의 두 왕 시혼과 옥에게 행한 일, 곧 그들을 전멸시킨 일을 들었습니다."

라고 말하면서 그 소식을 듣고 그들의 마음이 녹았다고 고백했다고 한다.

"라합이라는 여자가 한 말을 들었는가? '당신들의 하나님은 하늘 위와 땅 아래의 하나님이십니다!' 라고 했대요."

"하나님이 여리고를, 가나안 땅을, 우리에게 주셨다는 것을 그 여자가 알고 있었다더군요."

모두들 목숨을 걸고 살몬들을 숨겨준 라합의 이야기를 하면서 놀라워했다. 정말이지 그 용기도 놀랍지만 라합이 하나님에 대해서 분명하게 알고 있다는 것이 놀라웠다. 이방인이면서 기생인 여자가 말이다.

여리고는 우상의 도시였다. 그 악한 도시에서 하나님에 대한 말을 듣고 우리 하나님을 〈상천하지의 하나님〉이라고 믿는 사람이 있었다니……. 그 하나님을 알고 있는 지식이 그들 가족 모두를 살리게 되었다는 것은 또 얼마나 놀라운 일인가?

물론 우리로서는 그 라합이 이 땅에 육신을 입고 오실 하나님, 바로 예수 그리스도의 족보에 오르게 되리라고는 상상도 할 수 없는 일이었다.

우리는 믿음이 있으면 이방인에게도 구원이 임한다는 사실만으로도 놀라웠다.

하나님은

"너희는 요단을 건너 가나안 땅에 들어가거든 그 땅 거민을 너희 앞에서 다 몰아내고 새긴 석상과 부어 만든 우상을 다 파멸하며 산당을 다 훼파하고 그 땅을 취하여 거기 거하라. 내가 그 땅을 너희 산업으로 너희에게 주었음이라."

라고 하시며 그 땅 거민을 다 멸하라고 하셨다.

그런데 라합은 하나님에 대해 알았기 때문에 하나님 사람을 영접하여 구원을 받았다. 아니 그 집이 구원을 받았다.

우리는 여리고 성을 함락시킬 때 라합의 가족을 먼저 구해야 한다.

살몬들이 밧줄을 타고 내려온 그 창에 라합은 붉은 줄을 드리울 것이라고 했다.

"붉은 줄이 드리운 그 집 안에 있는 사람만 구합니다."

홍수가 났을 때 방주 안에 머물던 노아와 그 가족들은 살았다.

애굽을 떠나던 날, 문 좌우 설주에 피를 바르고, 피 바른 그 집안에서 양고기를 먹었던 우리들도 살았다. 그리고 이제 라합의 가족은 붉은 줄을 맨 집에 있으면 살게 된다.

살몬이 "창에 이 붉은 줄을 매고 네 부모와 형제와 네 아비의 가족을 다 네 집에 모으라. 누구든지 네 집 문을 나서 거리로 가면 그 피가 그의 머리로 돌아갈 것이요, 우리는 허물이 없으리라."라고 약속했기 때문이다.

어디에 있는가? 그것은 참으로 중요하다.

노아라 할지라도 방주 밖에 있었다면 죽었다.

하나님은 말씀하셨다.

－너희는 나가서 너희 가족대로 어린 양을 택하여 유월절 양으로 잡고 너희는 우슬초 묶음을 취하여 그릇에 담은 피에 적셔서 그 피를 문 인방과 좌우 설주에 뿌리고 아침까지 한 사람도 자기 집 문밖에 나가지 말라.－

우리 이스라엘 사람이라 할지라도 집 밖에 있으면 안 되는 것이다.

하긴 첫사람 아담이 죄를 지었을 때 하나님이 처음 하신 말씀도 "아담 너 어디 있느냐?"였다.

"레위 사람들 제사장들이 너희 하나님 여호와의 언약궤 메는 것을 보거든 그 뒤를 좇으라!"

드디어 유사들이 진중에 다니며 말했다.

언약궤 멘 제사장을 따라가면 된다. 우리가 할 일은 따라가는 것이고 하나님께서 우리에게 보이실 기사를 보기만 하고 누리기만 하면 되었다. 참으로 믿는 우리에게 있는 것은 안식과 기쁨이었다.

"스스로 정결케 하라! 여호와께서 내일 너희 가운데 기사를 행하시리라!"

우리는 서두르지 않고 천막을 거뒀다.

제사장들은 언약궤를 메고 우리 앞에서 행했다.

요단 강물은 언약궤를 멘 제사장들을 삼킬 것처럼 콸콸 넘쳐흘렀다. 과연 무슨 일이 일어날 것인가?

궤를 멘 제사장들이 성큼 발을 물 속으로 내밀었다. 그러자 제사장들의 발이 물가에 잠기자마자, 그처럼 사납게 흘러내리던 물이 멈췄다. 그리고는 멀리 사르단 가까이에 있는 아담 성에 물이 쌓였다.

'물이 쌓였다? 하나님 외에 그 누가 물을 쌓을 수 있단 말인가!'

그뿐이 아니었다.

아라바의 바다 염해로 흘러가는 물은 언약궤 바로 앞에서 끊어졌다. 흡사 시루떡을 자르듯 잘라졌다.

"물이 끊어졌다! 물이 쌓이고, 물이 끊어졌다!"

하나님께서 행하신 기사 속에서 우리 200만 명은 빠르게 요단강을 걸어서 건넜다. 우리가 요단을 건너는 동안 여호와의 언약궤 멘 제사장들은 요단 가운데 마른 땅에 굳게 서 있었다.

아니다. 그들이 서 있는 동안 우리가 마른 요단강을 건넜다. 만일 요단강 가운데 서 있는 제사장들이 없었다면 우리는 결코 요단강을 건널 수 없었을 것이다. 아무리 우리가 이스라엘 사람이라 하더라도 제사장들이 서 있는 바로 이곳에 있지 않으면 가나안에 갈 수 없는 것이다.

요단을 건넌 후 우리는 마지막으로 길갈에 진을 쳤다. 42번째의 진이었다.

14일 저녁, 우리는 여리고 평지에서 유월절을 지켰다. 그리고 유월절 이튿날, 우리는 그 땅의 소산을 먹었다.

그날부터 더 이상 만나는 내리지 않았다. ⚘

내가 바로 그때 그 소입니다

"자, 오늘 너는 새 수레를 끄는 거다."

내가 끌어야 할 수레는 아미나답의 집 마당에 있었습니다. 수레는 아주 멋졌습니다. 나는 수레를 끌 동료들과 함께 새 수레에 매여졌습니다.

"새 수레를 끌다니 기분이 좋군."

그런데 동료 소들은 "웬 사람들이 이렇게 많이 모여 있는 거지?" 하며 불안한 눈빛으로 좌우를 두리번거렸습니다.

정말이지 사람들은 많이도 모여 있었습니다. 그렇게 많은 사람이 모여 있는 것은 처음 보았습니다.

"얼마나 대단한 것을 수레에 싣는 걸까? 모여든 사람 좀 봐."

"몇 명쯤 모였을까?"

내가 궁금한 것을 알아채기라도 한 듯 누군가가 내 옆에서

"저분이 다윗 왕이야. 다윗 왕이 3만 명을 데리고 왔대."

135

하고 말했습니다.

'다윗 왕까지 왔다니!'

뭔가 놀라운 일이 벌어지고 있다는 것을 나는 눈치챘습니다.

그러고 보니 사람들은 제각기 악기를 들고 있었습니다. 잣나무로 만든 악기, 수금, 비파, 탬버린, 심벌즈…….

"여호와를 찬양하자!"

그들은 여호와 앞에서 연주를 했습니다. 악기가 없는 사람들은 연주에 맞춰 노래를 부르고 춤을 추었습니다. 사람들의 얼굴에는 기쁨이 가득 차 있었습니다.

나도 덩달아 기분이 좋았습니다. 멋진 수레를 달고 연주에 맞추어 행진할 것을 생각하니 신이 났습니다.

"도대체 무엇을 운반하는 걸까?"

내 옆의 소가 조심스럽게 내게 물었습니다.

"모르긴 해도 아주 귀한 것일 거야. 다윗 임금님까지 와 계신 걸 보면……."

대답하면서 나는 과연 무엇을 실을 것인지 알고 싶어서 사람들이 말하는 소리에 귀를 기울였습니다.

그런데 그때 갑자기 사람들이 환호하기 시작했습니다. 귀가 다 멍멍할 정도의 환호성이었습니다. 그 환호성 속에서 한 할아버지의 떨리는 목소리가 들려왔습니다.

"애야, 잘 봐두어라. 바로 여호와의 궤란다. 드디어 다윗 성으로 옮겨가는 거다."

"왜 이제야 옮겨가는 거예요? 할아버지, 왜 지금까지 기럇여아림에 있었던 거예요? 20년 동안이나 아미나답의 집에 있었잖아요."

아이의 질문에 할아버지는 떨리는 목소리로 대답했습니다.

"그래, 이스라엘 온 집이 여호와를 사모할 때까지 여호와께서 기다리셨던 거란다. 이스라엘 장로들이 여호와의 궤를 전쟁터에 가져갔다가 블레셋에게 빼앗겼을 때 말이다. 그 당시 이스라엘 사람들은 하나님을 신뢰하지 않고 궤를 미신적으로 사용했단다. 하나님의 갈망이나 경륜은 생각하지 않고 우리들의 안전과 평화와 이익만을 위했던 게야. 궤를 앞세우고 가면 전쟁에서 이길 거라는 생각이 얼마나 어리석은 것인지, 그것이 얼마나 하나님의 마음을 상하게 하는 것인지 알지 못했던 거란다. 그래서 궤로 이스라엘을 구하기는커녕 궤 자체가 블레셋에 사로잡혀 가는 슬픈 일이 일어났지. 400년 동안 이스라엘과 함께 있었던 궤가 블레셋 사람들에게 사로잡혀 갔었다니……."

할아버지 목소리에는 울음이 섞여 있었습니다.

"그날 궤를 가지고 나갔던 엘리의 두 아들, 홉니와 비느하스는 하나님을 무시함으로 죽임을 당했고, 그 소식을 들은 엘리마저도 목이 부러져 죽었단다. 그러나 하나님은 그분의 궤를 보호하셨지."

"할아버지, 저 그 이야기는 다 알아요. 블레셋 사람들이 하나님의 궤를 물고기 신 다곤 옆에 두었는데 아침에 가보니 다곤이 궤 앞에 엎드려 있었어요. 다시 세워 놓았더니 이번에는 목과 두 손목이 끊어지고 몸뚱이만 남아 있었고요."

"그랬단다. 그뿐 아니라 독종의 재앙으로 그 지경을 쳐서 망하게 하셨지. 그래서 블레셋 방백들은 궤를 가드로 가져갔단다. 거기서도 여호와의 손이 큰 환난을 그 성에 더 하셨지. 성읍 사람들 모두가 독종에 걸렸단다. 기드 사람들은 무서워서 궤를 에그론으로 보냈어. 에그론에선 궤가 도착하자마자 '아니, 우리를 죽이려고 이 무서운 궤를 이곳으로 보낸 겁니까?' 하고 소리를 질러댔지. 그래서 블레셋 방백들은 궤를 이스라엘로 다시 보내야 한다고 결정을 한 거야. 그들은 벌벌 떨면서 더 이상의 재앙을 받지 않기 위해 소 두 마리가 끄는 수레에 하나님의 궤와 금 쥐 다섯, 금 독종 다섯을 함께 넣어 보냈단다. 아주 미신적인 방법으로 보낸 거야."

할아버지가 아이에게 조용조용 설명하는 동안 옆에서 한 사람이 큰소리로 내게 말했습니다.

"너희들이 여호와의 궤를 실은 수레를 끌고 간단다. 영광이지."

'여호와의 궤를 실은 수레를 끈다고?'

나는 정말 깜짝 놀랐습니다. 잘못 들었나 귀를 의심했습니다. 그 사람이 말하는 대로 그보다 더 영광스러운 것을 끌 수는 없었습니다. 다윗 왕이 타신 수레라 하더라도 어찌 궤에 비교할 수 있겠습니까? 그러나 결코 그럴 수는 없습니다. 궤를 수레에 실어 옮기다니! 결코 옮기기 싫어서 그러는 것이 아닙니다.

하나님이 궤를 레위 지파에게 어깨에 메어 옮기라고 명하셨다는 것은 율법을 아는 사람이라면 다 기억하고 있어야 하는 것입니다. 그런데 지금 이스라엘 사람들은 그것을 잊고 수레로 옮기려 하고 있습니다. 블레셋 사람들이 옮겼던 것처럼 말입니다. 블레셋 사람들이야

여호와의 언약궤를 어깨에 메야 한다는 것을 알 리가 없습니다. 그러 니 그들이 수레에 태워 보낸 것은 뭐라 탓할 수가 없습니다.

'세상에, 이스라엘 사람들이 블레셋 사람들에게 영향을 받다니 그 것도 다른 것이 아닌 언약궤를 옮기는데……'

아아, 사람들은 얼마나 어리석은지. 자기의 소견대로 하는 것이 얼 마나 하나님께 불순종하는지를 모르고. 나는 답답해서 '움머' 소리 를 내어 울었습니다.

아미나답의 아들 아효가 수레 앞에서 지휘를 했습니다.

다시 음악이 연주되고 사람들은 노래하며 춤을 추었습니다.

그러나 나는 불안해서 견딜 수가 없었습니다. 아니 두려웠습니다.

'이 사람들은 정말 중요한 것을 잊어버리고 있다. 어떻게 하려고 이런 어리석은 짓을 한단 말인가?'

나는 사람들을 향해 외치고 싶었습니다.

'큰 실수를 하고 있어요. 여호와의 궤는 수레에 실어 옮기는 게 아 니에요! 궤는 레위 자손들이 어깨에 메고 옮겨야 합니다!'

하지만 사람들이 우리 소리를 알아들을 리가 없습니다. 설사 소들 의 말을 사람들이 이해한다 해도 그 순간만은 들리지 않았을 것이라 고 나는 생각했습니다. 사람들이 기뻐 너무 흥분되어 있었기 때문입 니다.

아효와 웃사가 우리에게 외쳤습니다.

"이랴, 가자! 앞으로!"

나는 조심스레 발걸음을 옮겼습니다. 아미나답의 집은 산에 있습니다. 그래서 조심스럽게 발을 옮기지 않으면 안 되었습니다.

우리는 천천히 불안한 마음으로 수레를 끌었습니다.

나곤의 타작마당에 이르렀을 때였습니다.

나는 나도 모르게 갑자기 뛰어올랐습니다. 나뿐만이 아닙니다. 수레에 매인 모든 소들이 펄쩍펄쩍 뛰었습니다.

그렇습니다. 결코 우리 소들이 뛰어오르자고 약속한 것이 아닙니다. 우리는 그냥 뛴 것입니다.

"아니, 갑자기 소들이 왜 이래?"

사람들은 놀라서 뛰는 우리를 달래려고 했습니다. 그러나 그것은 불가능한 일이었습니다. 우리가 뛰고 싶어서 뛴 것이 아니니까요. 하나님께서 우리로 하여금 뛰게 한 것을 사람이 어찌 막을 수 있었겠습니까?

나는 알았습니다. 하나님께서 언약궤는 결코 수레에 실어서 운반하는 것이 아니라는 것을 알리기 위해 우리를 사용하셨다는 것을.

우리가 뛰기 시작하자 새 수레에 실려 있던 궤가 흔들리기 시작한 것은 당연한 일이었습니다.

"여호와의 궤가 굴러 떨어지겠다!"

재빠르게 웃사가 흔들리는 궤를 붙잡았습니다.

웃사의 그런 행동은 사람들이 생각할 땐 현명한 방법일 수도 있었을 것입니다. 귀중한 것이 땅에 굴러 떨어지려는 것을 막으려는 선한 마음 말입니다.

하지만 그런 행동이 하나님을 불신하는 것이라는 것을 아미나답의 아들 웃사는 미처 깨닫지 못했던 것입니다. 여호와의 궤는 하나님의 궤이기 때문에 하나님이 책임지신다는 것을.

하나님은 분노하셨습니다. 하나님은 즉시 웃사를 치셨습니다. 웃사는 궤 옆에서 즉사했습니다. 웃사가 죽자 사람들은 두려워 벌벌 떨었습니다. 다윗 왕도 두려워했습니다.

"성으로 궤를 가지고 가는 것을 하나님이 허락하시지 않나 보다."

사람들은 우리를 수레에서 풀어냈습니다.

그리고 궤는 기드 사람 오벳에돔 집으로 옮겨졌습니다. 이번에는 사람들이 어깨에 메고 옮겼습니다. 하나님이 지시하신 방법으로 말입니다.

하나님의 궤는 석 달 동안만 오벳에돔 집에 머물렀습니다. 왜냐하면 궤가 오벳에돔 집에 머물러 있는 동안, 하나님께서 오벳에돔과 그의 가족 모두에게 축복하셨다는 소식을 들은 다윗 왕이 다윗 성으로 궤를 옮겼기 때문입니다.

그날, 다시 여호와의 궤를 옮기던 날, 다윗 왕은 너무 기뻐서 옷이 벗겨지는 줄도 모르고 춤을 추었습니다. 물론 레위 자손들이 어깨에 궤를 메고 옮겼지요. ♣

-세번째-

그들은 알았을까?

－한 별이 야곱에서 나오며 한 홀이 이스라엘에게서 일어나서 모압을 이 편에서 저 편까지 쳐서 파하고 또 소동하는 자식들을 다 멸하리로다.(민 24:17)－

"아니, 저 별은!"
"봤네. 바로 그 별이네!"
그들은 별을 보자마자 서로 손을 맞잡았다.
감동으로 몸이 떨렸다.
드디어 그 별이 떠올랐던 것이다!
그들이 기다리고 기다리던 그 별이었다.
별은 예언대로 이스라엘 하늘에서 반짝이고 있었다.
유대의 어느 고을에 유대인의 왕이 태어나신 것이다.
"자, 출발함세."

그들 셋은 이날을 고대하고 있었기 때문에 별이 떠오르자마자 유대를 향해 출발했다.

"나는 황금을 준비했네."

"나는 몰약을 준비했지."

"난 유향일세."

그들은 지도가 없었지만 염려할 필요가 없었다. 별이 그들을 인도했기 때문이었다. 그 옛날 구름기둥과 불기둥이 광야에서 이스라엘 백성을 인도했던 것처럼.

거의 이스라엘 땅에 이르렀을 때, 그들은 의견을 나누었다.

"유대인의 왕이라면 틀림없이 성전이 있는 예루살렘에서 태어나셨을 거야."

"맞아. 왕이시니까 수도에서 태어나셨을 거야."

"그럼 왕궁으로 가면 되겠네."

그들은 그동안 별이 그들을 인도했다는 사실을 잊어버렸다. 그런데 놀라운 것은 그들이 그런 이야기를 나누고 하늘을 보니 그 별이 없어져 버렸다는 것이었다.

"별이 없어졌어!"

"정말 별을 잃어버렸군."

"어디로 가야 하나?"

말은 그렇게 하면서도 그들은 서슴지 않고 예루살렘 성으로 들어갔다.

그들은 그들이 얼마나 엄청난 실수를 하고 있다는 것을 알지 못했다. 나중에야, 비로소 천사가 나타나서 알려줄 때에야 깨달을 수 있었다.

그들은 자신들의 실수로 30명도 넘는 아이들이 죽게 될 것이라는 것은 꿈에도 생각지 못했다.

동방박사들이 왔다는 소식을 듣고 헤롯왕은 그들을 반갑게 맞이해 주었다.

헤롯왕은 에돔 사람이었다. 그의 아버지 안지베돌은 로마 황제 줄리안의 명령으로 유다 감사가 된 사람이었다. 그래서 헤롯은 25세가 되었을 때, 갈릴리 감사가 될 수 있었다. 그리고 얼마 지나지 않아 헤롯은 그의 아버지의 덕으로 유대 분봉왕이 되었다. 본래 '분봉왕'이란 어느 지역 1/4을 다스리는 왕이라는 의미였다. 하지만 로마제국에 예속된 군주를 지칭하는 말로도 사용되었고 왕보다는 서열이 낮은 지위였다.

헤롯은 유대의 분봉왕이었지만 실질적으로는 이스라엘 백성들에게 인정받지 못하고 있었다. 헤롯은 이스라엘 백성들의 마음을 사기 위해 예루살렘 시가지를 재건축하고 정리했지만, 그것으로 그들의 마음을 얻을 수는 없었다. 아니, 오히려 유대인들은 그를 미워했다. 이스라엘 백성들은 헤롯이 로마에서 명한 왕이었기 때문에 단지 로마의 권위에 복종하고 있을 뿐이었다.

헤롯왕은 그러한 사실을 잘 알고 있었다. 하지만 동방의 박사들은 헤롯왕이 다윗의 후손이 아니었기 때문에, 아니 그것도 유대인이 아니었기 때문에 이스라엘 백성들에게 인정받지 못하고 있다는 것을 알지 못했다.

그래서 "무슨 일로 그 먼 동방에서 오셨습니까?"라고 묻는 헤롯에게 "유대인의 왕으로 나신 이가 어디 계십니까? 우리는 경배하러 왔습니다." 하고 대답했던 것이다.

"유대인의 왕!"

헤롯왕은 그들의 말을 듣고 깜짝 놀랐다. 하지만 동방박사들에게 놀란 모습을 보일 수는 없었다. 헤롯왕은 당장 대제사장들과 서기관을 모았다.

"그리스도가 어디서 나겠느뇨?"

헤롯왕의 질문에 대제사장들과 서기관은 즉시 대답했다. 머뭇거리거나 기록을 찾지도 않고

"유대 베들레헴입니다."

라고 대답했다.

"미가 선지자가 이렇게 기록해 놓았습니다. '또 유대 땅 베들레헴아, 너는 유대 도시들 중에 가장 작지 아니하도다. 네게서 한 다스리는 자가 나와서 내 백성 이스라엘의 목자가 되리라.'라고요."

헤롯왕은 온몸이 떨렸다. 헤롯은 잔인하고 용맹스러운 왕이었지만 진짜 왕족인 유대인의 왕이, 그것도 다윗 왕의 고향인 베들레헴에서 태어났다니 두려웠다.

'죽여 버려야 한다.'

헤롯왕은 동방박사들을 불렀다.

"언제 그 별이 나타났습니까?"

동방박사들은 그들이 예언서를 읽고 그 별이 나타나기를 기다리고 있었다는 것과 그 별이 어떻게 떠올랐는지, 그리고 그들을 계속 어떻게 인도했는지를 왕에게 말해 주었다.

"베들레헴으로 가시오. 가서 그 아기를 찾아 경배하고 돌아와서 알려주시오. 나도 경배하러 갈 테니까요."

동방박사들은 그렇게 하겠다고 헤롯에게 약속했다. 그들이 왕궁을 나왔을 때 그들은 온 예루살렘이 소동하는 것을 보았다.

그들은 베들레헴을 향해 걸어나갔다.

그런데 정말 놀라운 일이 그들을 기다리고 있었다. 예루살렘을 나서자마자 동방에서 그들이 보았던, 계속 그들을 인도하던, 바로 그 별을 보게 된 것이다.

"저것 봐. 저 별이 우리를 기다리고 있네그려."

그들은 그 별을 보고 기뻐했다. 기뻐하고 또 기뻐했다.

"우리가 어리석었어. 괜한 우리의 지식으로 별을 잃어버렸던 거야."

"저렇게 별이 인도하고 있는데 괜히 시간을 허비했군."

"맞아. 예루살렘에 들르지 않았으면 우리는 며칠 더 빨리 왕을 경배할 수 있었을 텐데."

결국 그들은 헤롯왕으로부터 들은 지식으로 왕을 찾지 않고, 그 별의 인도로 유대인의 왕을 찾을 수 있었다.

별이 멈추는 집으로 그들은 들어갔다.

아기는 그의 어머니와 함께 있었다.

그들은 이사야의 예언을 알고 있었기 때문에 그 아기가 하나님이 며 평강의 왕이라는 것을 알았다. 그래서 그들은 아기께 엎드려 경배했다. 그리고 가지고 간 보배합을 열어 황금과 몰약과 유향을 예물로 드렸다.

─이는 한 아기가 우리에게 났고 한 아들을 우리에게 주신 바 되었는데 그 어깨에는 정사를 메었고 그 이름은 기묘자라, 모사라, 전능하신 하나님이라, 영존하시는 아버지라, 평강의 왕이라 할 것임이라.(사 9:6)─

그날 밤에 그들은 꿈을 꾸었다.

"헤롯왕에게 돌아가지 말아라!"

아침에 그들은 다 똑같은 꿈을 꾼 것을 알았다. 그들은 다른 길로 고국에 돌아갔다.

그들이 돌아간 후 주의 사자가 요셉에게 나타났다.

"헤롯이 아기를 찾아 죽이려고 하니 일어나 아기와 모친을 데리고 애굽으로 피하여 내가 네게 이르기까지 거기 있으라."

요셉은 그 밤에 아기와 마리아를 데리고 애굽으로 떠났다. 그리고는 헤롯왕이 죽기까지 애굽에서 살았다.

동방박사의 실수가 결국 호세아 선지자의 "내 아들을 애굽에서 불렀다"는 예언을 이루는 데 사용된 것이다.

요셉은 하나님께서 동방박사들을 통해 전해준 황금, 몰약, 유향으로 애굽에서 생활할 수 있었다. 만일 그것이 없었다면 요셉은 정말 힘들었을 것이다.

모세의 법대로 마리아가 해산한 지 33일이 지나 결례의 날에 아기를 데리고 예루살렘에 갔을 때도 그는 형편이 어려워 양을 제물로 드리지 못하고 비둘기 한 쌍으로 제사를 지냈던 것이다.

한편 동방박사들을 베들레헴으로 보낸 후 헤롯왕은 시간이 지날수록 불안해서 견딜 수가 없었다. 며칠이 지나도 동방박사들이 돌아오지 않자 헤롯은 분해서 펄펄 뛰었다.

헤롯은 동방박사들이 별을 보았다는 시간과 그들이 동방에서 이스라엘로 여행한 시간들을 따져 보았다.

"그래, 두 살부터 그 아래로 다 죽이면 후환이 없어질 거야."

베들레헴과 그 부근 마을에 살고 있던 2세 아래의 아이들이 헤롯의 명령으로 무참히 살해되었다. 역사학자들은 그 아이들이 30여 명이라고 적고 있다. 그 아이들은 주님으로 인한 첫 순교자였다.

바리새인과 서기관은 알았을까? 자기들의 의문에 속한 죽은 지식이 아이들을 죽였다는 것을. 그리고 동방박사들은 자기들의 천연적인 의견이 별, 즉 이상을 잃어버리게 했고 사망이 역사하게 했다는 것을. ♣

내가 바로 그다

정오의 햇볕이 내리쬐었다. 따가운 햇볕이었다.

사마리아의 정오는 숨을 쉴 수 없을 만큼 덥다.

'사람들은 모두 집안에서 쉬고 있을 것이다.'

이런 시간이라야 했다. 그녀가 물을 길러 가는 시간은.

수가의 여자들은 해질 무렵 무리를 지어서 물을 길었다.

'나도 서늘한 저녁에 물을 긷고 싶다. 그러나……'

그녀는 한숨을 내쉬었다.

사람들의 따가운 눈초리가 정오의 햇볕보다도 더 따갑다는 것을 그녀는 알고 있었다. 더위로 흘리는 땀보다 사람들의 비난과 조소로 흘려야 하는 진땀이 더 고통스러운 것이었다.

'부도덕한 여자. 죄인, 더러운 여자, 남편을 다섯 번이나 바꾸고……'

사람들은 그녀를 보면 눈으로 그렇게 비난했다.

'하지만 나는 만족하며 살고 싶은 거야.'

그랬다. 그 어떤 것도 그녀를 만족시키지 못했다. 그녀는 늘 목이 말랐다.

첫 번째 남편에게서 만족을 얻지 못해 그녀는 남편을 바꿨다. 그러나 두 번째 남편도 그녀에게 만족을 주지 못했다. 세 번, 네 번……. 남편을 다섯 번이나 바꾸었는데도 여전히 그녀의 목마름은 해결되지 않았다.

오늘 역시 우물가엔 아무도 나와 있지 않을 것이다.

"아니!"

우물 가까이 다가가다가 그녀는 깜짝 놀라 멈칫 그 자리에 서 버렸다. 텅 비어 있어야 할 우물가에 사람이 있었기 때문이었다.

'누가 이 뜨거운 정오에 우물에 왔단 말인가?'

그녀는 다시 집으로 돌아가고 싶었다. 그러나 자세히 보니 우물가에 있는 사람은 수가 사람이 아니었다.

'마을 사람이 아니구나.'

낯선 사람인 것을 알자 마음이 놓여 그녀는 물동이를 내려놓았다.

"나에게 물 좀 주시오."

기다리고 있었던 것처럼 그가 먼저 말을 걸어왔다. 그녀는 퉁명스럽게 대꾸했다.

"당신은 유대인으로서 어찌하여 사마리아 여자인 나에게 물을 달라고 하십니까?"

사마리아, 그 옛날 북이스라엘 왕국의 수도이기도 했던 사마리아,

원래 사마리아는 선한 땅이었다. 야곱이 사들인 땅의 일부였고, 야곱은 요셉에게 그 땅을 주었다.

그러나 앗시리아인들이 사마리아를 점령했을 때, 그들은 바벨론과 이방인 땅에서 사람들을 사마리아로 이주시켰다. 그때부터 사마리아인들은 유대인과 이방인 피가 섞인 혼혈인들이 되었다. 유대인들은 사마리아를 혼합의 땅이라고 불렀다.

비록 그들이 모세 오경을 가지고 구약의 일부분에 따라 하나님을 섬겼지만, 야곱의 후손이라고 주장하였지만, 어떤 유대인도 그들을 같은 피를 나눈 민족이라고 생각하지 않았다. 그랬기 때문에 유대인들은 사마리아를 통행하는 것조차 싫어했다.

그런데 지금 한 유대인이 그녀에게 말을 건넸을 뿐 아니라 물을 청하고 있는 것이다.

'정말 기이한 사람이다. 유대인이라면 아무리 목이 말라도 사마리아 땅에 와서 물을 달라고는 하지 않으리라. 더욱이나 나 같은 부정한 여자에게. 아니, 내가 어떤 여자인지는 모르겠지.'

그녀는 호기심이 가득한 마음으로 그의 대답을 기다렸다.

"당신이 만일 하나님의 선물과 또 당신에게 물 달라 하는 이가 누구인 줄 알았다면 당신은 그에게 물을 달라고 구하였을 것이오. 그러면 그는 당신에게 생수를 주었을 것이오."

생각지도 못했던 대답에 그녀는 어이가 없었다. 그러나 이상하게도 그의 말들이 목마른 그녀의 마음을 흔들고 있었다.

'자기가 누구인지 알면 오히려 내가 물을 달라고 했을 거라고? 하

나님의 선물? 그가 주는 생수?'

그녀는 자기도 모르게 그의 말에 반응하고 있었다.

"당신은 물길을 그릇도 없고, 이 우물은 깊은데 어디서 이 생수를 얻을 수 있단 말입니까?"

그녀는 그가 이 우물에 대해 모른다는 생각이 들었다.

"우리 조상 야곱이 이 우물을 우리에게 주었고 또 여기서 그와 그 아들들과 짐승이 다 먹었습니다. 그런데 당신이 이 야곱보다 더 큰 자라는 말입니까?"

"이 물을 마시는 자마다 다시 목마르려니와 내가 주는 물을 마시는 자는 다시 목마르지 아니하리니 나의 주는 물은 그 속에서 영생하도록 솟아나는 샘물이 되리라."

그녀는 하마터면 비명을 지를 뻔했다. 그들에게 야곱은 이 세상에서 가장 큰 자였다. 또한 야곱의 우물은 놀라운 유전(遺傳)이었다. 그런데 그는 유전은 사람의 목마름을 만족시키지 못하는데, 그가 주는 물은 다시 목마르게 하지 않는다고 그녀에게 말하고 있었다.

'그렇다면 이분은 야곱보다 큰 자란 말인가? 다시는 목마르지 않는 물! 그것은 내가 그토록 갈구하던 것이 아닌가?'

정말이지 그녀는 목마름을 해결하고 싶었다. 그런 물을 마시고 싶었다.

"주여, 이런 물을 내게 주사 목마르지도 않고 또 여기 물 길러 오지도 않게 하옵소서."

그러자 그는 부드럽고 온유하게 말했다.

"가서 네 남편을 불러 오거라."

"나는 남편이 없습니다."

"네가 남편 다섯이 있었으나 지금 있는 자는 네 남편이 아니니 네 말이 참되도다."

그녀는 깜짝 놀랐다.

'아니, 이분은 유대인이 아닌가? 우리 마을에 산 일도 없으면서 어떻게 내게 남편이 다섯이 있었고, 지금 나와 살고 있는 남자도 내 남편이 아니란 걸 어떻게 알았을까?'

그는 그녀가 거짓말을 한다는 것을 알면서도 꾸짖지 않았다. 오히려 칭찬했다. 그녀는 양심의 가책을 느꼈다. 부끄러웠다.

'이 사람은 내 모든 것을 알고 있다. 선지자인 것이 분명하다.'

그녀는 재빨리 화제를 바꾸었다.

"당신은 선지자로군요. 그런데 우리 조상들은 이 산에서 경배하였는데 당신들의 말은 경배할 곳이 예루살렘에 있다고 합니다."

어떤 면에서 그녀는 자신의 부도덕함을 그런 말로 합리화시킨 것이었다.

'나도 내가 얼마나 더러운 사람인지 알고 있습니다. 그러므로 나는 하나님을 경배하고 있습니다. 나도 야곱의 후손이라는 말입니다.'

그녀는 멀리 보이는 그리심 산을 바라보았다. 축복의 산인 그리심 산은 야곱이 요셉에게 준 땅에 있었고, 그 옛날 열두 지파 중 여섯 지파가 율법을 지키는 축복을 선포한 산이었다. 그뿐 아니다. 몇 백 년 전에 알렉산더 대제는 대제사장의 한 형제인 므낫세라는 이름의 사람에게 그리심 산에 성전을 건축하도록 하였다. 비록 요한 히르카누스(Hyrcanus)라는 사람이 이 성전을 허물어 버렸지만(BC 126년) 사마리아 사람들은 그리심 산을 하나님을 경배하기 위한 합당한 장소라고 생각하고 있었다.

"여자여, 내 말을 믿으라 이 산에서도 말고 예루살렘에서도 말고 너희가 아버지께 경배할 때가 이르리라. 너희는 알지 못하는 것을 경배하고 우리는 아는 것을 경배하노니 이는 구원이 유대인에게서 남이니라. 아버지께 참으로 경배하는 자들은 영과 실제 안에서 경배할 때가 오나니 곧 이때라. 아버지께서는 이렇게 자기에게 경배하는 자들을 찾으시느니라. 하나님은 영이시니 경배하는 자가 영과 실제 안에서 경배할지니라."

"메시아, 곧 그리스도라 하는 이가 오실 줄을 알고 있습니다. 그분이 오시면 모든 것을 우리에게 알려주실 것입니다."

"내가 바로 네가 말한 그니라."

그녀는 순간적으로 그가 바로 그분인 것을 깨달았다.

'아! 이분이 바로 오시리라 한 그 그리스도다! 이분은 바로 〈선물〉이며 선물을 〈주시는 분〉이며 선물을 얻는 〈길〉이다.'

그녀는 그동안 그녀의 목마름을 해결해 주던 우물과 물동이를 버려두고 동네로 달려갔다.

이전에 그녀는 자신의 목마름만을 생각했었다. 오직 자기의 목마름을 해결하기만을 원했었다. 그러나 이제 그녀는 달라졌다.

생수이신 분을 영접했으므로 그녀의 목마름은 해결되었다. 그녀는 만족했다. 그러므로 이제 그녀에게 물동이는 필요 없었다.

만족하자마자 그녀는 다른 사람의 목마름을 생각해 주는 사람으로 바뀌었다. 그랬기 때문에 그녀는 그렇게 피하고 싶었던, 만나고 싶지 않았던 사람들을 향해 달려갔다. 그리고 그리스도를 전했다.

"와서 보세요! 내가 행한 모든 일을 말한 분을 보세요. 이분이 그 그리스도가 아니겠습니까?"

물론 처음에 그녀는 그분이 그녀를 만나기 위해 일부러 사마리아에 오셨다는 것을 알지 못했다.

"내가 사마리아로 통행하여야겠다."라고 하셨던 것을 말이다.

그러나 이제 그녀는 모든 것을 알게 되었다. 그녀가 우물로 나올 것을 알고 기다렸을 뿐만 아니라 제자들이 있으면 그녀가 피할 것을 알고 제자들을 동네로 보냈던 것을.

'만일 제자들이 같이 있었다면 나는 결코 솔직하지 못했을 것이다.'

그녀는 그분이 얼마나 친밀한 방법으로 그녀에게 다가오셨는가를 생각하며 울먹였다.

'죄가 크니 해결하라는 말씀은 단 한마디도 하지 않으셨다. 꾸짖거나 정죄하지 않으시고 단지 물을 달라고만 하라고 말씀하셨다. 얼마나 쉽게 얻을 수 있는 생수인가?'

동네 사람들은 그녀의 얼굴이 기쁨으로 빛나는 것을 보았다.

"가보자! 그녀를 저렇게 변화시킨 사람을 보러 가자." ♣

―저희가 동네에서 나와 예수께로 오더라.(요 4:30)―

부림절에 있었던 일

"예루살렘으로 올라가자."

부림절이 가까워지고 있었다.

'부림절을 예루살렘에서 지내실 건가?'

우리는 그분의 뒤를 따랐다.

부림절은 우리 유대인에게는 정말 뜻 깊은 날이었다.

여호와께서는 처음 정해준 7개의 명절인 유월절, 무교절, 초실절, 오순절, 나팔절, 속죄일, 초막절 외에 우리에게 두 개의 명절을 더 주셨다. 유다 마카비우스가 더럽혀진 성전을 깨끗하게 한 것을 기리는 수전절과 또 하나는 부림절이었는데 이 부림절은 슬픔의 날이 기쁨의 날이 된 것을 기념하고 즐거워하는 명절이었다.

오래 전 페르샤 아하수에로 왕 12년에 왕의 총애를 받던 하만은 모든 유대인을 죽일 음모를 꾸몄다.

하만은 유대인을 전멸시킬 날짜를 택하기 위해 제비를 뽑았다. 그리고는 그해 12월, 아달월 13일을 유대인을 전멸하는 날로 결정했다.

하지만 하만의 음모는 성공하지 못했다. 오히려 그의 악한 의도가 드러나 그는 즉시 교수형에 처해지고, 그의 아들들은 유대인들이 죽임을 당할 바로 그날에 교수형에 처해졌다. 그때부터 우리 유대인들은 해마다 아달월 14일과 15일을 명절로 지키게 되었다. 사망의 날이 생명의 날이 된 것을 기념하기 위해서였다.

이 명절에 대해서 에스더서에는 "한 규례를 세워 해마다 아달 월 십사일과 십오일을 지키라. 이 달 이 날에 대적에게서 벗어나서 평안함을 얻어 슬픔이 변하여 기쁨이 되고 애통이 변하여 길한 날이 되었으니 이 두 날을 지켜 잔치를 베풀고 즐기며 예물을 주며 가난한 자를 구제하라."고 기록되어 있다.

우리 조상들은 그날들을 제비 또는 부림이라고 불렀다.

부림(Purim)이란 낱말은 제비라는 뜻이었다. 생각해 보면 하만이 유대인을 죽이는 날을 결정하기 위해 제비를 뽑았으므로 제비란 말은 끔찍한 낱말이었다. 그런데도 그 기쁜 날을 부림절이라고 한 것은 좀더 강한 풍자적인 표현이었다.

그분은 예루살렘 동북 편에 있는 문을 향해 걸어가셨다. 양의 문이 있는 곳이었다. 예루살렘의 양들은 이 문을 통해 성 안에 있는 양 우리로 들어갔다.

이 양의 문 옆에는 베데스다라는 연못이 있었다. 그리고 그 연못 주위에는 다섯 개의 커다란 행각이 있었는데, 그곳에는 가난한 많은 병자들이 거처하고 있었다.

부림절이 돌아와 성내에는 노래소리, 웃음소리들로 떠들썩했다. 하지만 행각에는 기쁨은커녕 고통스러운 신음소리밖에 없었다. 아예 신음소리조차도 내지 못하는 사람도 있었다. 그저 그들은 베데스다 못가에 누워 연못 물이 움직이기를 기다리고 있을 뿐이었다. 주의 천사가 내려와서 연못 물을 움직일 때 제일 먼저 그 물에 들어가면 고침을 받기 때문이었다.

양의 문, 다섯 개의 행각, 긍휼의 집이라는 의미의 베데스다 못, 그리고 주의 천사…… 더욱이나 오늘은 안식일이었다.

이런 것들은 듣기에 아름답고 좋아 보였지만 그러나 그곳의 상황은 너무 비참했다.

우선 그 병자들은 서로 친구가 될 수 없는 사람들이었다. 누구라도 먼저 물에 들어가야 하기 때문에 어떤 면에서는 서로 적이었다.

나는 거기에서 소경을 보았다.

'아니, 소경이라면 물이 동하는 것이 보일 리가 없잖은가.'

너무나 막연한 기대를 안고 있는 소경을 보자 나는 가슴이 답답해 오는 것을 느꼈다. 그뿐 아니었다. 다리를 절룩이는 사람이 기둥에 기대어 앉아 있었다.

'저 사람이 제일 먼저 저 물에 들어가겠다는 건가? 다리를 절룩이는 사람이 먼저 들어갈 수 있을까?'

아무리 천사가 내려와서 물을 움직이게 한다 해도 보이지 않고 빨리 내려갈 수 없다면 그곳에 있어야 할 이유가 없었다. 그런데도 그들은 그곳에서 하루하루를 살고 있는 것이다. 누구도 연못에 들어갈 수 없다는 것을 알게 되자 나는 슬펐다.

38년이나 누워 있는 사람도 있었다.

그분은 성큼성큼 그 사람에게 다가가셨다. 그러나 아무도 그분을 눈여겨보지 않았다. 아름답지도 않고 매력도 없는 그분은 단지 예수라는 이름의 작은 사람일뿐이었으므로.

그러나 나는 그분이 처음부터 그를 만나러 이곳에 오신 것을 깨달았다. 그랬다. 그분은 사마리아의 죄 많은 여인을 찾으러 야곱의 우물에 직접 가신 것처럼 이 38년 된 병자를 만나러 오신 것이다. 우리를 만나러 오실 때도 그랬다. 나는 갈릴리 바다로 나를 찾아오셨던 때의 일을 처음 요단강 가에서 만났을 때보다 더 생생하게 기억한다.

요단강 가에서 우리는 침례 요한의 소개로 그분을 만났다.

"보라, 하나님의 어린 양이다."라고 침례 요한은 그분을 소개했다. 우리는 즉시 그분을 따랐다. 그때 안드레는 자기 형 시몬을 데리고 왔는데 그분은 시몬의 이름을 '게바, 베드로'라고 바꿔 주셨다.

그런데도 우리는 곧 그분을 만났던 사실을 잊어버렸다. 이름까지 바꾼 시몬 베드로도, 안드레도, 형 야고보도 나 요한도……

우리는 갈릴리 바다에서 고기를 잡으며, 그물을 기우며 살았다. 우리가 얼마나 사망의 그늘 아래 있는지 알지도 못한 채 말이다.

그런데 어느 날 그분이 우리를 찾으러 갈릴리 바다로 오셨다. 나는 배 안에서 아버지와 형 야고보와 그물을 깁고 있었다.

"나를 따르라."

그분의 음성을 듣고 형과 나는 즉시 그분을 따랐다. 베드로와 안드레처럼. 나는 그때 그분이 이사야 선지자가 말한 큰 빛인 것을 보았다.

"목자가 잃어버린 양을 찾는 것이지, 잃은 양이 주인을 찾는 것이 아니다."라고 그분은 말씀하셨다.

그분은 다정하게 38년 된 병자에게 말을 건넸다.

"네가 낫기를 원하느냐?"

"물이 동할 때에 나를 못에 넣어줄 사람이 없어서 내가 가는 동안에 다른 사람이 먼저 내려가나이다."

그는 못과 물, 그리고 물을 동하게 하는 주의 천사밖에 알지 못했다. 그러나 그것들이 그를 낫게 해주지 않는 것을 그는 알고 있었다. 그는 낫기를 갈망하고 있었지만 그로서는 어떤 방법이 없다고 그분께 고백했다.

"내가 가는 동안에 다른 사람이 내려가나이다."

그 말은 차라리 절규였다. 그는 더 이상의 소망이 없다는 것을 절실히 깨닫고 있었던 것이다.

그분은 그의 말을 듣고 단지 이렇게 말씀하셨다.

"네 자리를 들고 걸어가라."

놀라운 일이 일어났다. 그 사람이 벌떡 일어난 것이다. 그는 자기가 누워 있던 침상을 들고 걸어갔다.

"병이 다 나았다!"

나는 보았다. 단지 그분의 말씀이 그를 낫게 한 것을.

그분은 연못 물이 동할 때를 기다려 그를 연못 속에 넣어준 것이 아니었다. 그는 다만 하나님의 아들의 살아 있는 말씀을 들었고, 그리고 나았다. 그분이 자리를 들고 걸어가라고 말씀하셨을 때 그는 전혀 주저하지 않았다. 하지만 그건 정말 어려운 일이었을 것이다.

나라면 이렇게 말하지 않았을까?

"자리를 들고 일어나라구요? 전 38년이나 누워 있었어요. 지금 일어난다는 것은 무리예요."라고.

나는 스스로에게 말했다.

'세배대의 아들 요한아, 너는 듣자마자 순종하는 저 사람의 자세를 배워야 한다.'

그는 껑충껑충 뛰어다녔다. 그가 껑충껑충 뛸 때마다 그가 그렇게 오랫동안 의지하고 누웠던 침상이 그의 어깨에서 같이 껑충거렸다. 그동안에는 침상에 그를 맡겨야 했는데 이제 반대가 된 것이다.

나는 그의 소생된 모습에서 생명이 사망을 몰아낸 것을 보았다. 나는 비로소 왜 그분이 부림절에 베데스다 못가에 오셨는지를 알았다. 38년 된 병자에게 사망을 생명으로 바꾸시는 역사를 왜 하셨는가를.

아, 나는 깨달았다. 그분이 바로 부림절의 실제인 것이다!

죽을 수밖에 없게 된 유대인을 살리고 그들의 대적이었던 하만을 죽게 한 것은, 바로 죽을 수밖에 없는 우리를 살리고 우리의 대적인 사탄을 끝내는 하나님의 아들의 일에 대한 예표였던 것이다.

'그래, 사망을 생명으로 바꾸는 것은 하나님의 아들인 그분만이 하실 수 있는 일이지.' ✿

소경의 고백

태어날 때부터 소경된 자, 나는 그런 사람이었다.

나는 늘 어둠 속에 있었고, 구걸하는 사람이었다. 사람들이 많이 지나다니는 길목에 앉아서 나는 그날그날을 구걸하며 살았다.

사람들은 내가 날 때부터 소경이 된 것은 누군가의 죄 때문이라고 했다. 그럴까? 그렇다면 아버지의 죄 때문일까? 어머니의 죄 때문일까? 아니면 나의 죄 때문일까? 정말 나는 누구의 죄로 태어날 때부터 볼 수 없단 말인가?

그날도 나는 구걸을 하고 있었다. 그날은 안식일이었다.

한 무리의 사람들이 내 앞을 지나갔다. 나는 그들이 나를 불쌍히 여겨 동정해 주기를 바라며 그들에게 귀를 기울였다.

"랍비여,"라고 몇이 그들 가운데 한 분을 불렀다.

"랍비여, 이 사람이 소경으로 난 것이 누구의 죄 때문입니까? 자기 자신의 죄 때문입니까? 아니면 부모 때문입니까?"

그러자 랍비라는 분이 대답했다.

"이 사람이나 그 부모가 죄를 범한 것이 아니라 그에게서 하나님의 하시는 일을 나타내고자 하심이니라."

그분은 내가 전혀 이해할 수 없는 말을 하셨다. 그동안 한 번도 들어본 적이 없는 말씀이었다.

'내가 소경된 것이 나에게서 하나님이 하시는 일을 나타내기 위함이라고? 이분은 특별하다!'

나는 그분이 누구인지 몰랐지만 그렇게 느꼈다. 그분은 나에게 가까이 오셨다.

'무엇을 주려는가? 이 특별한 분은.'

놀랍게도 그분은 땅에 침을 뱉으셨다. 그리고 내 눈에 뭔가 덧발라지는 것을 나는 느꼈다. 그 침으로 흙을 개어 진흙을 만들어 내 눈에 바른 것이다.

"실로암 못에 가서 씻어라!"

그분은 나에게 말씀하셨다.

실로암 못은 기드론 골짜기 위, 오벨 언덕(다윗 성읍)의 동쪽에 있는 기혼 샘에서부터 예루살렘까지 이어지는 수로에 연결되어 있는 못이었다. 실로암이라는 말은 '보냄을 받았다'는 의미였다.

결코 가까운 거리는 아니었지만 나는 기꺼이 실로암 못으로 갔다. 그리고 나는 그 못에서 내 눈에 발라진 진흙을 씻어냈다.

아아, 그리고 나는 보았다. 빛을, 맑은 하늘을!

이제 나에게 어둠은 없어졌다. 나는 밝아진 눈으로 돌아왔다.

사람들은 나를 보고 깜짝 놀랐다.

"아니, 저 사람은 조금 전까지 소경이었던 그 사람 아닌가?"

"설마, 구걸하던 그 사람은 날 때부터 소경이었는데……. 그럴 리가……."

"같은 사람이 분명한데 이거 믿을 수가 있나? 저 사람이 눈을 뜨다니! 정말 놀랍군."

나는 힘껏 소리쳤다.

"저예요! 맞아요! 제가 바로 그 구걸하던 소경이에요!"

"세상에!"

사람들은 놀라며 나를 데리고 회당 안의 바리새인들에게 갔다.

"소경이었던 이 사람이 눈을 떴어요."

바리새인들은 사람들의 외침에 날카롭게 물었다.

"어떻게 보게 되었느냐?"

"그분이 내 눈에 진흙을 바르고 실로암 못에 가서 씻으라 하기에 그대로 했더니 이렇게 보게 되었습니다."

나는 있는 그대로 대답했다.

나는 바리새인들이 놀라고 그분을 존경할 줄 알았다. 그러나 정말 어이 없는 일이 벌어졌다. 그들 중 몇이 화를 벌컥 낸 것이다.

"아니, 거룩한 안식일을 지키지 않고 소경을 보게 하다니, 그 자는 하나님으로부터 온 자가 아니야."

그러자 몇 명이 "죄인으로서 어떻게 이런 표적을 베풀 수가 있겠습니까?" 하고 그 말을 반대했다.

그들은 서로 자기 의견이 옳다고 싸우기 시작했다. 그러더니 갑자기 나에게 "네 눈을 뜨게 한 사람이 어떤 사람이라고 생각하느냐?"고 물었다.

"선지자가 분명합니다."

나는 자신 있게 대답했다. 하지만 나는 곧 내 대답이 그들에게 좋은 대답이 아니라는 걸 깨달았다. 그들은 믿을 수 없다고 말했다.

"소경이 눈을 뜨다니 있을 수 없는 일이야. 이 자의 부모를 이리 데려오너라."

곧 아버지와 어머니가 불안한 얼굴로 바리새인들 앞에 섰다.

"자, 봐라. 이 자가 소경이었던 네 아들이냐?"

"예. 그렇습니다."

대답하는 아버지와 어머니의 목소리가 떨리고 있었다.

"그래? 소경이라면서 지금은 어떻게 보게 되었느냐?"

"저희는 아무것도 모릅니다. 단지 이 아이가 내 아들인 것과 소경으로 태어난 것만 알 뿐입니다."

"그렇습니다. 지금 어떻게 되어 보게 되었는지, 그리고 또 누가 이 아이의 눈을 뜨게 했는지 우리는 전혀 모릅니다. 내 아들에게 직접 물어보십시오. 그는 어린아이가 아니니까요."

왜 아버지 어머니가 내 눈을 뜨게 한 분과 그 일을 모르겠는가.

하지만 부모님이 그렇게밖에 대답할 수 없다는 것을 난 알고 있었다. 아니 모두들 알고 있었다. 누구든지 예수를 그리스도라고 시인하면 출교하기로 결의되었기 때문인 것이다.

유대교에서 출교된다는 것은 모든 것을 잃는다는 것을 의미했다. 생계를 위한 어떤 것도 보장받지 못하므로. 집도, 직장도, 심지어는 생명 보장도 어려워지는 것이다.

그들은 나를 다시 그들 앞에 불러 세웠다.

"너는 영광을 하나님께 돌리라."

나는 그렇게 했다고 대답하려고 했다. 그러나 그들은 이어서 소리쳤다.

"우리는 저 사람이 죄인인 줄 안다!"

나는 어이가 없었다. 그런 말도 안 되는 소리가 어디 있단 말인가?

나는 무식하고 아무것도 모른다. 그동안 어둠 속에서만 지냈기 때문에 아무것도 모른다. 그러나 나는 감히 말했다.

"저는 그분이 죄인인지 아닌지 알지 못합니다. 다만 제가 아는 것은 내가 소경으로 있다가 지금은 본다는 것입니다."

그러자 그들은 내게 다시 물었다.

"그 사람이 네게 무엇을 하였느냐? 어떻게 네 눈을 뜨게 하였느냐?"

"내가 이미 다 말했는데 또 듣고 싶으십니까? 당신들도 그분의 제자가 되고 싶어서 그렇습니까?"

내 말이 끝나자마자 그들은 나에게 욕을 퍼부었다.

"너나 그 자의 제자가 되라. 우리는 모세의 제자다. 하나님이 모세에게 말씀하신 것은 우리가 알지만 이 사람이 어디에서 왔는지 우리는 모른다!"

나는 말하지 않을 수 없었다.

"정말 이상하군요. 그분이 내 눈을 뜨게 하셨는데 하나님의 일을 하는 당신들이 그분이 어디서 왔는지 모른다니요. 하나님이 죄인을 듣지 아니하시고 경건하여 그의 뜻대로 행하는 자는 들으시는 줄을 우리도 아는데요. 창세 이후로 '소경으로 난 자의 눈을 뜨게 하였다.'는 말을 들은 일이 없는데 그분이 하나님께로서 오지 않으셨으면 아무 일도 할 수 없었을 텐데요."

"뭐야? 네가 온전히 죄 가운데서 나서 우리를 가르치느냐? 이 자를 당장 회당에서 쫓아내라!"

즉시 나는 회당에서 쫓겨났다. 회당에서 쫓겨났다는 것은 유대교에서 쫓겨난 것이다.

이제 나는 어떻게 해야 할 것인가?

하지만 그 어떤 것도 걱정할 필요가 없었다. 그분이 나를 찾아오신 것이다.

"너는 그를 하나님의 아들로 믿느냐?"

아아, 부드러운 그 목소리.

"주여, 그분은 누구십니까? 나는 그분 안에서 믿고 싶습니다."

"넌 그를 보았다. 지금 너와 말하는 자가 그이니라."

"주여, 나는 믿습니다! 그분이 하나님의 아들인 것을 믿습니다!"

나는 외치며 그분께 경배했다. 내 눈을 뜨게 하여 나에게 빛을 주신 분은 하나님 아들인 것이다!

이제 나는 안다, 왜 그분이 침을 뱉어 진흙을 이기셨는지를……

하나님은 처음 사람을 진흙으로 만들고 생기를 그 코에 불어넣으셔서 사람은 산 혼이 되었다.

오늘 그분은 진흙에 침을 뱉어 섞으셨다. 진흙으로 만든 사람인 나에게 그분의 말씀을 합한 것이다. 침은 그분의 입에서 나왔다. 말씀도 그분의 입에서 나온다. 생기도 호흡도 입에서 나온다.

침과 말씀, 진흙인 사람과 말씀의 연합, 그것이 내 눈을 밝게 한 것이다. 아니, 하나 더 있다. 나의 순종이다.

보냄을 받은 자는 자기 뜻대로 움직이면 안 된다. 보내신 분의 뜻을 따라야 한다. 나는 그렇게 했다. 나는 그분을 잘 몰랐지만 단순하게 그분의 지시하심에 따랐다. 다만 그분의 말씀에 순종함으로 빛을 얻었다.

만일 내가 그분께 순종하지 않았다면 나는 더 소경 되었을 것이다. 그럴 수밖에 없는 것이 보이지 않는 눈 위에 진흙까지 덧발랐으니 말이다. 그러나 나는 믿고 순종해서 눈을 뜨고 빛을 얻었다. 그리고 이제 나는 그분을 안다. 그분은 말씀하셨다.

"나는 목자다. 양을 양 우리에서 불러내기 위해 왔다. 내 양은 목자의 음성을 안다. '양은 그의 음성을 듣나니 그가 자기 양의 이름을 각각 불러 인도하여 내느니라.'"

아, 그분은 소경인 병든 양인 나를 양 우리에서 끌어내기 위해 오신 것이다.

물론 겨울에 양 우리는 필요하다. 하지만 겨울이 지나면 양은 푸른 풀밭에서 자유롭게 꼴을 먹고 쉰다. 목자는 양을 푸른 풀밭으로 인도

하고 물가에서 편히 쉬게 한다.

나는 그동안 유대교라는 양 우리에 갇혀 있었지만 지금은 들며 나며 꼴을 먹을 수 있다. 그분은 내 목자이시며 양의 문이기 때문에.

나는 지금 너무 기쁘다. 내가 그분을 알기 전 그분은 나를 사랑하셨고 또 나를 찾아오셨으므로.

"내가 온 것은 양으로 생명을 얻게 하고 더 풍성히 얻게 하려는 것이다." ♣

우리는 너무 몰랐다

주님이 예루살렘 성에 올라가자고 말씀하셨을 때, '드디어 때가 온 것이다.' 우리는 모두 그렇게 생각했다.

예루살렘에 가까워질수록 그분을 만나려고 모여든 사람들은 더 많아졌다.

예루살렘 가까이 감람산 벳바게에 왔을 때 그분은 우리 중 둘을 마을에 보냈다.

"아직 아무 사람도 타보지 않은 나귀 새끼가 매여 있을 것이다. 풀어 끌고 오너라. 누가 왜 끌고 가느냐고 묻거든 주가 쓰시겠다 하라."

아무도 정말 나귀 새끼가 매여 있을까 의심하지 않았다. 이제 주님의 그런 말씀은 신기할 것도 없었다. 죽은 나사로를 살리신 후로는.

곧 둘이서 나귀 새끼를 끌고 왔다.

누가 시키지도 않았는데 우리는 겉옷을 벗어 나귀에 얹었다. 주님

172

이 나귀 새끼에 타자 사람들은 자기 겉옷을 벗어 길에 깔았다. 나뭇가지를 길에 펴는 사람도 있었다. 주님이 예루살렘에 오신다는 소문이 얼마나 빨리, 얼마나 많이 전해졌는지 예루살렘 성 길목은 그야말로 인산인해를 이루었다.

"호산나 찬송하리로다."

"주의 이름으로 오시는 이여!"

"이스라엘의 왕이시여!"

사람들이 종려나무 가지를 흔들며 환호하는 그 물결 속을 걷는 기분을 어찌 말로 표현할 수 있겠는가. 그래, 구름을 밟고 걷는 것처럼 우리는 그렇게 사람들 사이를 지나 왔다. 정말이지 날아가는 듯한 기분이었다.

어제 베다니의 시몬의 집에 모여든 사람들도 대단했었다.

"나사로가 누구야?"

"나사로 좀 봅시다!"

사람들은 그분에게도 관심이 많았지만 나사로를 만나고 싶어했다. 하긴 누구라도 나사로를 보고 싶어할 것이다. 죽은 지 나흘이 되어 썩은 냄새가 풀풀 나던 사람이 살아났으니⋯⋯.

우리도 깜짝 놀랐다. 물론 우리는 그분이 죽었다가 살아나신다고 했던 말씀을 들었다. 기적도 많이 보았다. 하지만 죽어 무덤 속에 장사 지낸 사람까지 살려내실 줄은 정말 상상도 못했다.

"나사로야, 나오너라!"

단지 그분의 한 말씀으로 무덤에서 나사로가 살아 나오는 것을 본 사람들은 만나는 사람들에게 주님의 그 일을 전하고 다녔다.

"저런 분이 우리의 왕이 되신다면 우리 나라는 더 이상 죽음이 존재하지 않게 되지."

사람들은 그분을 왕으로 모셔야 한다고 야단들이었다.

"우리에게 참 자유를 주신다니, 로마에서 해방되는 것도 시간 문제야."

"그뿐인가? 보리떡 다섯 개로 남자만 오천 명을 먹였으니 농사를 지을 필요도 없는 거야."

소경이 눈을 뜨고 앉은뱅이가 일어나고, 사람들은 물질적인 부와 건강이 보장되어 있는 이스라엘을 꿈꾸며 기뻐했다.

이제 그분이 이스라엘의 왕이 될 것이라는 것은 아주 당연한 일이었다. 그분이 왕이 되신다면 우리 제자들에게 오는 영광도 놀라울 것이 틀림없었다. 그동안 그렇게 천대받고, 조소당하고, 비웃음을 받았는데 이제 그 모든 것이 보상을 받으려는 순간인 것이다.

'참으로 그분에게 이토록 영광스런 날이 기다리고 있을 줄이야!'

우리는 너무 신이 났다. 모두 기뻐서 어쩔 줄을 몰랐다.

물론 한쪽에서는 여전히 주님을 미워하고 시기하는 바리새인들이 있었다. 그들은 나사로까지 죽여 그분의 기적을 없던 것으로 하려고 음모를 꾸미고 있었다.

하지만 열광하는 군중들을 보며 그들은

"보십시오. 우리가 계획한 일이 쓸데없습니다. 온 세상이 그를 쫓고 있습니다."

하고 포기하지 않으면 안 되었다.

헬라인들이 우리를 찾아왔을 때,

"선생님, 우리가 예수를 뵙고 싶습니다."

라고 내게 말했을 때, 나는 숨이 다 멎는 것 같았다.

나는 안드레에게 달려갔다.

"안드레, 드디어 헬라인까지 주님을 찾아왔네."

"뭐라고? 빌립. 헬라인까지!"

안드레도 흥분했다. 이제 국내뿐 아니라 국외에서까지 주님을 찾는 사람이 생긴 것이다.

"주님께 가서 말씀 드리세."

우리는 떨리는 목소리로 주님께 헬라인 소식을 전했다.

"인자의 영광을 얻을 때가 왔구나."

그분의 대답에 우리는 뛸 듯이 기뻐했다.

'주님도 영광을 얻기로 하신 것이다!' 라고 생각했기 때문이다.

"내가 진실로 진실로 너희에게 말하겠다."

우리는 모두 침을 꼴깍 삼키며 그분의 말씀을 들었다. 그분이 이렇게 '진실로 진실로' 라는 표현을 하실 때, 그 말씀은 아주 중요한 것이라는 것을 우리는 알고 있었기 때문이다. 우리 중 많은 이들이 주님이 내각을 발표할지도 모른다는 생각을 했을 것이다.

그러나 우리는 참으로 어리석었다. 우리는 오해한 것이다. 3년 반이나 그분을 따라다녔는데도 우리는 우리 지식으로 그분을 이해하고 알았던 것이다.

사실 우리는 왜 그분이 그 나귀 새끼를 탔는지도 나중에야 깨달았다. '시온 딸아, 보라! 너의 왕이 나귀 새끼를 타고 오신다.'라는 예언을 이루시기 위한 것이라는 것을 말이다.

"한 알의 밀알이 땅에 떨어져 죽지 아니하면 한 알 그대로 있고 죽으면 많은 밀알을 맺느니라."

우리는 찬물을 끼얹은 것처럼 조용해졌다.

그 말씀의 깊이를 이해하지 못했어도 주님이 말씀하시는 영광은 우리가 생각하는 영광과는 전혀 다르다는 것을 느꼈던 것이다.

'이런 영광이 아니었나? 사람들이 이토록 존경하고 추앙하는 이런 황금 시기에 그분은 죽음을 말하고 계시다! 땅에 떨어져 죽는 밀알이 되시리라고 말한다.'

"내가 땅에서 들리면 모든 사람을 내게로 이끌겠노라."

그랬다. 그분은 전에도 모세가 광야에서 뱀을 든 것처럼 인자도 들려야 한다고 말씀하셨다.

불뱀에 물린 죽어가는 자들이 모세가 장대에 단 놋뱀을 보면 살았던 것처럼, 죄라는 뱀에게 물려 죽어가는 사람들이 그를 보기만 하면 살 수 있도록 한다는 것이다. 그래서 이제 장대 대신 십자가에 주님은 뱀처럼 달려야 한다는 것이다. 한 알의 밀알이 땅에 떨어져 많은 밀알을 얻듯이 그분은 십자가에 달리므로 많은 사람을 이끌겠다고 말씀하시는 것이다.

'아아, 주님이 죽어야 한다. 땅에 떨어져 죽어야 한다. 이것이 주님의 영광이라니!'

누구도 그리 마시라고 말하지 못했다. 감히 말하지 못했다.

지난번 베드로는 주님이 십자가에서 죽을 것이라고 말씀하실 때 "그리 마소서!" 하고 간곡하게 부탁했다가 "사탄아, 뒤로 물러나라"는 꾸중을 들었다.

사실 따지고 보면 오늘만 우리가 그분의 마음을 헤아리지 못한 것이 아니었다. 나사로가 위독했을 때 마르다와 마리아는 나사로가 병들어 있다는 소식을 알려 왔다.

우리는 그분이 나사로를 얼마나 사랑하는지 알고 있었다. 그러므로 "당장 나사로에게 가야겠다." 주님이 그렇게 말씀하실 줄 알았다.

그러나 주님은 소식을 듣고 이틀이나 지나서 그가 죽기를 기다렸다가 베다니로 가자고 말씀하셨다. 죽기를 기다렸다는 것을 안 것은 아주 후의 일이었다.

우리 가운데 아무도 하나님의 의도는 단지 우리의 병을 고치는 것이 아니라는 것을 깨닫지 못했다. 하나님 보시기에 우리 모두는 죽어 있는 자라는 것을 몰랐다.

그래서 우리 중 한 명이 아버지를 장사 지내고 돌아온다고 했을 때, 주님은

"죽은 자는 죽은 자더러 장사 지내라고 하고 너는 나를 따르라."고 한 것도…….

하나님의 구원은 병자를 치유하는 것이 아니고 죽어 있는 자를 소생시키는 것이었다. 그러므로 주님은 나사로가 죽기를 기다려야 했다. 고치지 않고 살리기 위해…….

나사로를 살리신 것은 우리에게 주는 하나의 표적이었다. 그렇게 죽은 사람을 살리신다는 예표 말이다.

주님은 우리에게

"내가 온 것은 양으로 생명을 얻게 하고 더 풍성히 얻게 하려는 것이다."

라고 말씀하셨다.

씨앗은 땅에 묻혀 새싹으로 나와 꽃을 피울 때 영광스럽다. 우리 주님도 죽으시고 부활하시므로 영광스럽게 된다. 그런데도 우리는 지금 당장 보이는 영광에 눈이 멀어 있었다.

우리는 몰라도 너무 몰랐다.

하지만 그분은 또 말씀하셨다. 주님이 그 영이 되어 우리 속에 들어오시면 그 모든 것을 깨닫게 되리라고.

그래, 이제 깨닫게 될 것이다. 우리 믿는 이들의 영광은 죽음을 통해서만 나타나게 되어 있다는 것을. 왜냐하면 우리가 바로 그 한 알의 밀알에서 나온 똑같은 많은 밀알이기 때문에. ♧

내가 오늘 네 집에 유하여야겠다

삭개오를 아십니까?

여리고 성에 살고 있던 세리장 삭개오 말입니다.

유대인들은 세리를 가장 큰 죄인으로 보았습니다.

그들은 매국노였지요.

그러므로 삭개오는 세리장이었으니 죄인 중에서도 우두머리인 셈이었습니다. 그는 부자였어요. 사람들은 그가 어떻게 부자가 되었는지 잘 알고 있었지요.

그 당시 로마는 식민지 나라들의 세리들을 경매하는 비슷한 형식으로 뽑아 썼습니다.

세리가 되고 싶은 사람들이 "예루살렘 시에서 얼마의 세금을 걷어내겠습니다."라고 써내어 금액이 많은 사람이 세리로 임명되는 그런 방법 말입니다.

세리가 된 사람은 로마로 보낼 돈의 몇 배를 국민들에게 걷어냈습니다. 그리고 나서 약속한 돈은 로마로 보내고 나머지는 자기가 가졌습니다. 자기에게 떨어질 것이 많아야 했으므로 그들은 여러 가지 방법을 써서 세금을 많이 거두었습니다. 재산에 해당하는 것보다 더 많은 세금을 부과시켰고, 낼 능력이 없는 사람에게는 높은 이자를 요구했습니다. 어떤 면에서 그것은 강탈이었습니다.

그랬기 때문에 세리는 매국노였고, 문둥병자보다 더 부정한 사람으로 여겨졌습니다.

삭개오는 그런 사람이었습니다.

그에게는 없는 것이 없는 것처럼 보였습니다. 그는 어쨌든 세리장이라는 높은 지위가 있었고 또 부자였으니까요.

지위와 돈이 있었지만 그는 늘 고통스러웠습니다. 많은 돈으로 값비싸고 좋은 침대를 샀지만 편안한 잠은 잘 수 없었거든요.

고급스럽고 기름진 맛있는 음식을 샀지만 입맛은 살 수 없었고요. 멋진 집과 옷이 있었지만 안식도, 편안함도 없었습니다.

아무리 지위와 돈이 좋아 세리가 되었어도 유대인인 그는 로마제국주의자들을 위해 세금을 모으는 일을 하고 있다는 사실로 양심이 고통을 받고 있었습니다.

그는 죄에서 벗어나고 싶어 노력을 했습니다. 인생의 괴로움을 해결하고 싶었습니다. 그러나 그 어떤 것도, 그 어떤 사람도 그를 죄로부터 벗어나지 못하게 했습니다.

그런 그가 예수님에 대한 소문을 들었습니다. 그가 살고 있는 여리고 성에 왔다는 소문을 들었습니다.

'사람들을 구원하는 구주? 예수란 어떤 사람인지 한번 봐야겠다.'

그는 용기를 내어 사람들이 모여 있는 곳으로 갔습니다.

'세리로군.'

사람들의 비난하는 눈초리가 따가웠지만 그래도 예수라는 사람을 보고 싶어서 그는 무리 속에 끼어들었습니다.

그러나 그는 키가 작았습니다.

군중에 둘러싸인 예수님을 볼 길이 없었습니다.

"좋아."

그는 길가에 서 있는 뽕나무를 보았습니다.

'저쪽으로 지나가실 게 분명하지. 저 나무 위로 올라가자.'

그는 체면을 뒤로 던지고 뽕나무 위로 올라갔습니다.

'꼭 예수라는 분을 보고야 말겠다.'

그는 필사적이었습니다.

그런데 너무나 놀라운 일이 벌어졌습니다. 생각지도 못한 일이 일어난 것입니다.

예수께서 뽕나무 아래에 오시더니 멈춰선 것입니다. 그리고는 삭개오에게 말을 건네셨습니다. 아주 친밀하고 다정하신 눈빛으로 그를 보면서 말입니다.

꼭 그분을 보리라고 결심한 것은 삭개오였는데, 삭개오가 예수님을 본 것이 아니고, 예수님이 삭개오를 보셨습니다.

－예수께서 그곳에 이르사 우러러 보시고 이르시되 "삭개오야, 속히 내려오라. 내가 오늘 네 집에 유하여야겠다."하시니－

성경은 그렇게 기록하고 있습니다.

삭개오가 주 예수님을 본 것이 아닙니다. 그렇습니다. 주 예수님은 이미 삭개오를 만나실 것을 알고 계셨던 것입니다. 삭개오가 뽕나무 위에 있을 것을 아신 것입니다. 목마른 사마리아 여자가 우물가로 나오실 것을 알고 계셨던 것처럼 말입니다.

목마른 사마리아 여자를 구원하시기 위해 〈사마리아로 통행하여야 하겠는지라〉 하시고는 우물가에서 여자를 기다리셨던 주 예수님은 여리고의 삭개오를 만나기 위해 그 곳 뽕나무 아래에 이르신 것입니다.

'그곳에 이르사' 라는 말은 그날 주 예수님의 목적지가 그곳이었다는 것을 말합니다. 그랬기 때문에 주 예수님이 삭개오를 먼저 보시고 먼저 말을 건네신 것입니다.

"속히 내려오라. 오늘 내가 네 집에 유하여야겠다."

삭개오는 그 말씀을 듣고 주저하지 않았습니다. 조금도 머뭇거리지 않고 어떻게 할까 생각하지도 않고 아주 빨리 뽕나무에서 내려왔습니다.

그는 기쁨으로 몸이 떨렸습니다. 그는 즐거워하며 주 예수님을 영접했습니다.

'나 같은 죄인의 집에 유하시겠다니.'

예수님이 삭개오의 집으로 들어가자 사람들은 깜짝 놀랐습니다.

"아니, 저럴 수가!"

바리새인들은 더 놀랐습니다. 유대 종교 안에서 높은 지위를 가진 위선자들인 바리새인들은 보통 사람들보다도 더 세리를 철저히 무시하고 있었습니다. 문둥병자보다도 더 큰 죄인이라고 여겨 세리들과는 같이 음식을 먹지도 않았고 아예 대화도 나누지 않았습니다.

그런데 예수님이 사람들이 많은 곳에서 삭개오에게 말을 건넸을 뿐만 아니라 그 집에 유하겠다고 하셨으니 그들이 놀란 것도 무리가 아닙니다.

"저런 부정한 자의 집에 유한다고?"

"하나님의 아들이라면서 저 사람이 어떤 사람인 줄도 모르는 게 야!"

"세리와 상종을 하다니…… ."

"예수가 세리장 삭개오의 집에 유한단다!"

바리새인들 뿐 아니라 거기 있던 사람들이 다 수군거렸습니다. 아니, 온 여리고 성이 술렁거렸습니다.

예수님은 삭개오에게 왜 세리장이 되었느냐고 꾸짖지 않았습니다. 세리란 나쁜 직업이라고 훈계하시지도 않았습니다. 부당하게 번 돈을 해결하는 방법을 제시하지도 않았습니다.

주님은 삭개오에게 많은 말씀을 하시지 않았습니다.

삭개오는 그동안 물질적인 소유에 대하여 주님께서 가르치신 말씀들을 듣지 못했습니다. 또한 부자 관원에게 하셨던

"네게 있는 것을 다 팔아 가난한 자들에게 나눠주라. 그리하면 하늘에서 네게 보화가 있으리라. 그리고 와서 나를 좇으라."

라고 하셨던 말을 들은 적도 없습니다. 그런데도 삭개오는 주님께 말했습니다.

"주여, 보소서. 내 소유의 절반을 가난한 자들에게 주겠사옵니다."

삭개오는 바로 그분이 주(主)라는 것을 깨달은 것입니다.

그는 이어서 "만일 뉘게 토색한 일이 있으면 사 배나 갚겠나이다."라고 말했습니다.

삭개오가 다른 사람에게 손해 배상을 함에 있어서 그가 강탈한 양의 사 배로 갚는다는 것은 "양 하나에 양 넷으로 갚을지니라."라는 율법의 요구에 따른 것이었습니다. 삭개오는 매우 정직하고 합당하게 손해 배상을 하겠다고 한 것입니다.

그 무엇이 삭개오를 이렇게 만들었을까요? 가르침을 받은 것도 아닌데 말입니다. 그것은 바로 주님이 오셨기 때문입니다.

주 예수님은 뽕나무 위에 있는 삭개오를 보셨을 때 "내가 오늘 네 집에 유하여야겠다."라고 말씀하셨습니다.

그러나 집에 들어오셔서는 "오늘 구원이 이 집에 이르렀으니"라고 말씀하십니다.

주 예수님은 구원이 바로 주님 자신이란 것을 말씀하신 것입니다.

그분이 오실 때, 구원이 임합니다. 그분이 유하시는 곳은 어디에나 구원이 있습니다.

삭개오를 찾아오신 주님은 오늘 당신에게 말씀하십니다.

"내가 오늘 네 집에 유하여야겠다." ✿

하나님은 사람에게 성경을 주셨다

사람들은 '나를 거지 나사로' 라고 불렀다. 내가 부자의 대문 앞에서 구걸하며 살았기 때문이다.

부자는 자색 옷을 입고 날마다 잔치를 하였다. 그래서 나는 부자의 상에서 떨어지는 부스러기로 연명할 수 있었다.

땅 위에서의 나의 삶은 한마디로 비참했다. 나는 정말 보잘것없는 사람이었다. 때때로 개들이 와서 나의 헌 데를 핥았다.

그런데 그 보잘것없는 사람인 내가 지금 어디에 있는 줄 아는가? 나는 낙원에서 살고 있다. 즐겁고 행복하게…….

죽는 순간 천사들이 나를 받들어 아브라함의 품에 데려다주었다.

그랬다. 죽은 후 어떻게 낙원에 갈까 염려할 필요가 없다. 천사, 그들이 나를 안내한 것이다. 사실 내가 아무리 낙원에 가고 싶다 해도 길을 몰라 갈 수 없을 것이다.

부자 또한 죽었다. 그리고 그는 음부의 고통 받는 곳으로 들어갔다.

185

내가 바로 누가복음 16장의 나사로다.

나는 주 예수님이 말씀하셨던 비유들 중 이름이 밝혀진 유일한 인물이다.

어떤 사람들은 주님께서 '부자와 나사로'의 비유를 말씀하신 목적이 가난함이 미덕이고 부유함이 죄악이라는 것을 가르치기 위함이었다고 어리석게 말한다.

아니다.

"부자는 일찍 복을 누렸고 나사로는 일찍 고난을 받았기 때문이야."

이렇게 말하는 사람은 25절에서 아브라함이 말하는 것을 전혀 깨닫지 못한 사람임이 분명하다.

정말 안타깝다.

사람들은 왜 말씀을 기도하면서 읽지 않는 것일까?

자기의 견해대로 해석하지 않고 바울이 에베소 교회에 말한 것처럼 기도로 말씀을 먹는다면 아브라함이 부자에게 말한 내용이 무엇을 의미하는지 깨달을 수 있을 것이다. 그래서 내가 모세와 선지자의 말을 들었다는 것을 알 것이다.

그렇다. 부자의 멸망은 모세와 선지자의 말을 듣지 않았기 때문이며 내가 구원받은 것은 모세와 선지자의 말을 들었기 때문이다.

무엇이 모세와 선지자들의 말이냐고?

주님이 부활하신 후 엠마오로 가는 두 제자에게 말씀하셨던 것을 기억하는가?

―이에 모세와 선지자의 글로 시작하여 모든 성경에 쓴 바 자기에 관한 것을 자세히 설명하시니라. ―

주님은 두 제자에게 "내가 너희와 함께 있을 때에 너희에게 말한 바 곧 모세의 율법과 선지자의 글과 시편에 나를 가리켜 기록된 모든 것이 이루어져야 하리라 한 말이 이것이니라." 하시면서 저희 마음을 열어 성경을 깨닫게 하시고 "이같이 그리스도가 고난을 받고 제 삼일에 죽은 자 가운데서 살아날 것과."라고 말씀하셨다.

모세와 선지자의 말은 바로 주 예수님이 말씀한 것을 가리키는 것이다. 그러므로 부자의 멸망은 그가 그를 위하여 죽고 부활하신 구주를 영접하지 않았기 때문이다. 그리고 나는 나를 위해 죽고 부활하신 구주를 영접했기 때문이다.

지금 나는 내가 있는 곳을 설명하고 싶다. 내가 살고 있는 이 음부는 둘로 나뉘어 있다. 낙원이라고 부르는 내가 살고 있는 곳과 부자가 들어간 고통 받는 곳이다.

사람은 죽으면 누구나 음부로 내려간다. 다만 주 예수를 영접했는가 아닌가에 따라 낙원으로 가는가 고통 받는 곳으로 가는가가 다를 뿐이다.

주님과 함께 십자가에 못 박혔던 한 강도는 십자가에서 주님을 영접하므로 낙원으로 들어왔다.

"오늘밤에 네가 나와 함께 낙원에 있으리라."라고 주 예수님은 강도에게 말씀하셨다.

주 예수님 역시 사흘 동안 낙원에 계셨다. 바울은 예수께서 위로 올라가시기 전에 '땅 아래 곳으로 내려가셨음'을 기록하고 있다. 베드로 또한 그리스도께서 옥에 있는 영들에게 전파하셨다고 기록했다.

유감스럽게도 어떤 사람들은 이 음부를 천당이나 지옥으로 혼동한다. 그래서 나 나사로는 천당에, 부자는 지옥에 갔다고 말한다.

하지만 아니다. 지옥이라는 말은 없다. 천당과 지옥이라는 낱말은 불교 용어이다. 천국과 불못의 잘못된 표현이다.

사탄은 사람들이 혼동된 언어를 사용하도록 조장하고 있다. 사실 지옥이란 땅 속의 감옥이라는 말인데 불못(불의 호수)보다 얼마나 약한 의미인가. 그리고 음부는 천당이나 지옥, 또는 천국이나 불못과도 아무 관계가 없는 곳이다. 그저 음부다. 쉽게 표현해 본다면 임시 장소이다. 주님이 재림하실 때까지 사람들이 죽은 후 머무는 곳이다.

지금 이곳엔 아브라함과 노아 등 모든 역대로 믿는 이들이 모두 함께 있다. 우리는 기다리고 있다. 천사장이 나팔을 부는 순간 우리는 다 부활할 것이다. 홀연히 부활할 것이다. 번데기 껍질을 뚫고 나비가 나오듯이 우리는 그렇게 날아오르듯 부활할 것이다.

그러나 고통 받는 곳에선 흰 보좌에서의 심판의 날까지 머물러 있어야 한다.

음부에서는 낙원과 고통 받는 곳이 서로 보인다. 그래서 부자는 아브라함의 품에 기대어 있는 나를 볼 수 있었다.

부자는 큰소리로 아브라함을 불렀다.

"아버지 이브라함이여, 나를 긍휼히 여기사 나사로를 보내어 그 손가락 끝에 물을 찍어 내 혀를 서늘하게 하소서. 내가 이 불꽃 가운데서 고민하나이다."

그곳이 얼마나 뜨거운 곳인지 아는가?

부자는 물 한 대접을 요구하지 않았다. 단지 내 손가락 끝에 물을 찍어 그의 혀를 서늘하게 해달라고 요청했다. 얼마나 목이 마르면, 얼마나 뜨거우면 그런 부탁을 했을까? 그러나 아브라함은 말했다.

"넌 살았을 때에 네 좋은 것을 받았고 나사로는 고난을 받았으니 이것을 기억하라. 이제 저는 여기서 위로를 받고 너는 고민을 받느니라. 이뿐 아니라 너희와 우리 사이에 큰 구렁이 끼어 있어 여기서 너희에게 건너가고자 하되 할 수 없고 거기서 우리에게 올 수도 없게 하였느니라."

다윗은 우리 인생이 강건하면 80년이라고 노래했다. 그 80년을 주 예수님 없이 산 사람은 심판의 날에 불못으로 들어갈 뿐만 아니라 죽은 후에 바로 이 음부의 고통스런 곳에서 고통을 받아야 한다.

그것을 부자는 땅에서 깨닫지 못하고 음부에서 깨달았다. 그래서 그는 "아버지여, 나사로를 내 아버지의 집에 보내소서. 내 형제 다섯이 있으니 저희에게 증거하게 하여 저희로 이 고통 받는 곳에 오지 않게 하소서."하고 애원했다.

나라도 그럴 것이다. 어떻게 해서라도 할 수만 있으면 내 가족들만큼은 이리로 오게 해서는 안 된다고 생각할 것이다.

하지만 아브라함은 "저희에게 모세와 선지자들이 있으니 그들에게 들을지니라."라고 부자에게 말했다.

"아니오. 아버지 아브라함이여, 만일 죽은 자에게서 저희에게 가는 자가 있으면 회개할 것입니다."

아브라함은 고개를 저었다.

"모세와 선지자들에게 듣지 아니하면 비록 죽은 자 가운데서 살아나는 자가 있을지라도 권함을 받지 아니하리라."

만약 사람들이 모세와 선지자의 말을 믿지 않으면, 즉 성경에서 보여주고 있는 간증을 믿지 않는다면 어떤 사람이 죽었다가 살아났다 하더라도 그는 여전히 믿지 못할 것이라는 것이다.

하나님은 죽음으로부터 부활한 사람을 이용하여 사람들에게 복음을 전하려고 하지 않고 사람들에게 성경을 주셨다. 사람들은 믿을 수 있는 성경을 가지고 있다.

하나님은 그분 자신을 감추셨다. 사람들이 하나님이 없다고 생각하는 단계까지 그분 자신을 감추신다. 사람이 죄를 행해도 하나님은 번개를 사용하여 사람을 벌하지 않는다. 죄를 짓는 즉시 죽이지 않는다. 사람들이 하나님을 모독해도 즉시 형벌을 주지 않는다.

하나님은 결코 하늘의 별을 사용하여 글자로 배열해서 우주에도 하나님이 계시다는 것을 알리지 않는다. 하나님은 이상한 방법을 사용하여 그분 자신을 나타내는 것이 아니라 단지 사람들로 하여금 그분의 말씀, 즉 성경을 믿길 원하신다.

아아, 사람들이 성경을 믿고 그분을 영접하여 부자처럼 멸망에 이르지 않기를 나는 빈다. ⚘

나와 함께 낙원에 있으리라

그것은 행운이었다.

생애의 마지막 순간에 나는 행운의 사나이가 되었다.

어떻게 이런 엄청난 행운이 내게 찾아왔을까?

사람들은 나를 행악자라고 불렀다. 악한 일을 한 사람, 도둑질하고 사람을 죽인 나는 강도였다. 그래서 나는 붙잡히고 사형 선고를 받았다. 끔찍한 십자가형이었다.

본래 유대엔 십자가형이라는 끔찍한 사형제도가 없었다. 돌로 때려 죽이는 사형제도가 있을 뿐이었다. 그러나 지금 유대는 로마의 식민지였으므로 사형제도 또한 로마법을 따랐다. 그러므로 죽을 때까지 십자가에 매달려 있어야 하는 처참한 방법으로 나는 생애를 마감하게 되어 있었다. 산 채로 십자가에 못박혀 죽음을 기다리는 동안 까마귀나 독수리가 와서 눈을 쪼아도 어쩔 수가 없는 그 사형을 받도록 되어 있는 것이다.

그 녀석도 그랬다. 녀석도 나와 마찬가지로 강도며 행악자였다.

"차라리 돌로 맞아 죽는 게 낫지."

칼로 목을 베어 단숨에 죽여 준다면 얼마나 좋을까?

그러므로 나는 그분을 만나기 전까지는 세상에서 가장 비참한 사람이었다. 그러나 나는 참으로 결정적인 순간에 그분을 만났다.

조금만 일찍 만났더라면……. 아니다. 그 시간에 그분을 만난 것에 대해서도 나는 하나님께 감사한다. 그 짧은 순간에 구원을 받게 허락해 주신 하나님!

아아, 그분은 말씀하셨다.

"네가 오늘 나와 함께 낙원에 있으리라."

얼마나 따뜻하고 사랑스러운 목소리였는지…….

나는 그분이 십자가에 달린 그 순간부터 숨을 거두는 순간까지를 다 지켜보았다. 그래서 그분이 하신 일곱 말씀도 다 들었다.

물론 나는 그 의미를 모른다.

로마 군병들은 가시로 면류관을 엮어 그분의 머리에 씌우고 자색 옷을 입혔다. 그들은 그분을 조롱하기 위해 그렇게 했다.

하지만 면류관과 자색 옷은 둘 다 왕권을 상징한다. 면류관은 왕이 쓰는 것이며 자색은 왕의 영광을 상징하는 색깔이었다.

이처럼 심지어 주 예수님에 대한 이러한 조롱조차도 하나님의 주권에 따른 것이라는 것을 나는 물론 로마 군병들도 알지 못했다.

그분이 달린 십자가 위에는 〈나사렛 예수 유대인의 왕〉이라는 팻말이 붙여졌는데 그 팻말에는 히브리어, 로마어, 헬라어의 세 가지 언어로 쓰여 있었다.

대제사장들은 그 팻말을 보고 빌라도에게 "자칭 유대인의 왕이라고 써주시오."라고 부탁했지만 빌라도는 "나의 쓸 것을 썼다."며 대제사장들의 부탁을 거절했다.

히브리어는 히브리 종교를 대표하고, 로마어는 로마 정치를 대표하고, 헬라어는 헬라 문화를 대표하므로 이 세 가지가 세상 전체 모든 인류를 대표한다는 것을 나 같은 강도가 어찌 알겠는가. 주 예수님이 이 세 언어로 대표되는 인간 족속 전체를 위해 죽임을 당하시는 것을 말이다.

나는 그분의 오른쪽에 못 박혔다. 그리고 그 녀석은 그분의 왼쪽에 못 박혔다.

생살을 찢는 못, 그 끔찍한 망치소리……. 그 아픔을 어떻게 표현할 수 있을까?

나와 그 녀석은 비명소리를 있는 대로 질렀다.

그나마 로마 군병들은 사형수에게 마지막 자비를 베풀었는데 그것은 쓸개 탄 포도주를 마시라고 주는 것이었다. 그것은 진통제였다. 그 녀석과 나는 한 모금이라도 더 마시려고 애썼다. 그러나 그분은 거절하셨다.

죽음 앞에서 그토록 담대할 수 있을까? 그분은 죽음 앞에서 죽음을 두려워하거나 약하지 않으셨다.

아홉 시부터 정오까지 사람들은 그분을 놀리고, 채찍질하고, 조소하고, 모욕을 주고, 십자가에 못 박았다. 지나가는 사람들은 머리를 흔들며 "성전을 헐고 사흘에 짓는 자여, 네가 만일 하나님의 아들이거든 자기를 구원하고 십자가에서 내려오라."라고 하면서 그분을 조롱했다.

대제사장과 서기관, 장로들도 "저가 남은 구원하였으되 자기는 구원할 수 없도다. 저가 이스라엘의 왕이로다. 지금 십자가에서 내려올지어다. 그러면 우리가 믿겠노라." 하며 그분을 모욕하고 조롱했다. 나도 처음에는 그 녀석과 함께 그분을 욕했다.

그분은 우리가 그토록 모욕하고 조롱해도 한마디도 하지 않으셨다. 털 깎는 자 앞에서 잠잠한 양처럼 말이다.

그 대신 그분은 "아버지여 저들을 사하여 주옵소서. 자기의 하는 것을 알지 못함이니이다."라고 기도하셨다.

'저분은 하나님 아들이 분명하다! 이런 상황에서 죄인들을 용서하시라는 기도를 하시다니. 저분은 십자가에서 내려가는 것이 달려 있는 것보다 쉬운 분이다! 그러나 모든 사람의 죄를 대신해서 목숨을 버리고 계신 것이다.'

나는 그토록 악한 행악자였지만 구원을 받고 싶었다. 그러나 나는 할 수 있는 것이 아무것도 없었다. 착한 일을 할 기회도, 율법을 지킬 기회도 하나님을 위해 뭔가 할 수도 없는 사람이었다.

그때 녀석이 소리를 질렀다.

"네가 그리스도가 아니냐? 너와 우리를 구원하라!"

나는 그 녀석을 꾸짖었다.

"네가 동일한 정죄를 받고서도 하나님을 두려워 아니하느냐? 우리는 우리의 행한 일에 상당한 보응을 받는 것이니 이에 당연하거니와 이 사람의 행한 것은 옳지 않은 것이 없느니라."

그리고나서 나는 감히 그분에게 부탁했다.

"예수여, 당신의 나라에 임하실 때에 나를 생각하소서."

아아, 그분은 내 말에 "내가 진실로 네게 이르노니 오늘 네가 나와 함께 낙원에 있으리라."라고 대답해 주셨다.

낙원! 내 육신은 비록 처참하게 죽지만 오늘 나는 그분과 함께 낙원에 있을 것이다.

이토록 죄 많은 내가, 아무 노력 없이 단지 그분을 영접하므로 구원을 받은 것이다. 감사와 기쁨의 눈물이 주르르 흘렀다.

그분의 세 번째 말씀은 어머니와 제자에게 하신 말씀이었다.

"여자여, 보소서 아들이니이다. 보라 네 어머니라."

'누구든지 하늘에 계신 내 아버지의 뜻대로 하는 자가 내 형제요 자매요 모친이다.' 라고 말씀하셨던 것을 제자들은 기억했을 것이다. 그래서 사도 요한은 즉시 마리아를 어머니로 모셨으리라.

그분은 여섯 시간 동안 십자가에 못 박혔다.

처음 3시간은 오전 9시부터 정오까지로, 사람에 의해 못 박힌 시간이었다. 그 시간 동안 사람들은 그분을 비웃고 조롱했으며 모욕했으나 하나님이 함께 계셨으므로 그분은 하나님의 임재를 누렸다.

그러나 정오부터 상황이 바뀌었다. 갑자기 해가 빛을 잃고 온 땅이 흑암으로 덮였다. 그 순간 그분의 입에서는

"나의 하나님, 나의 하나님, 어찌하여 나를 버리시나이까!"

하는 고통의 외침이 흘러 나왔다.

하나님이 그분을 버리신 것이다. 하나님에 의해 그분이 못 박힌 것이다. 그래서 어둠이 덮인 것이었다. 이제 하나님 눈에 그분은 아들이 아니라 이 세상의 모든 죄를 짊어진 대속물이었다. 단지 십자가 위에 있는 하나의 죄인이었다. 하나님은 죄인으로 그분을 심판하셨다.

갑자기 성전의 휘장이 위에서 아래로 찢어지고 땅이 진동하고 반석이 붕괴되었을 뿐 아니라 무덤이 열렸다. 이런 것들은 사람이 할 수 있는 일이 아니었다.

"내가 목마르다!"

다섯 번째로 그분은 그렇게 말씀하셨다.

목마름, 목마름은 지옥의 고통스런 특징이 아닌가? 그분은 우리 모든 사람의 죄를 대신하여 지옥의 형벌을 받으신 것이다.

그 순간에도 로마 군병은 신포도주를 그분께 드림으로 그분을 조롱했다. 그러나 그분은 말없이 그 신 포도주를 받으셨다. 그리고 그분은 말씀하셨다.

"다 이루었다!"

그동안 그분은 무엇을 하신 것이다! 죽어가는 동안에도 그분은 일을 하신 것이다. 속죄의 사업을 다 이루신 것이다.

그분이 마지막으로 하신 말씀은 "아버지여, 내 영혼을 아버지 손에 부탁하나이다."였다.

그리고 그분은 영혼을 떠나게 하셨다. 그분은 죽임을 당한 것이 아니었다. 목숨을 버린 것이었다.

그분이 그렇게 운명하심을 본 한 백부장이 "이 사람은 진실로 하나님의 아들이었도다! 의인이었도다!"라고 외쳤다. 그를 조롱하던 자들도 가슴을 두드렸다.

유대인들은 안식일에 십자가에 못 박힌 사람들의 몸을 십자가에 두기를 원치 않았다. 그것은 우리에게 정말 다행스런 일이었다. 마침 십자가에 달린 날이 안식일 전날이었으므로 우리를 죽여 주기로 한 것이다.

군병들은 살아 있는 우리 다리를 꺾어 우리를 죽게 해주었다. 하지만 그분은 이미 숨이 멎어 있었기 때문에 다리를 꺾을 필요가 없었다. 그들은 그분의 뼈를 상하게 할 수 없었다. 군병은 그분의 죽음을 확인하려고 창으로 옆구리를 찔렀다. 그분의 옆구리에서 피와 물이 쏟아져 나왔다.

아담이 아내를 얻기 위하여 깊이 잠들었던 것처럼 주 예수님 역시 그의 신부를 얻기 위하여 잠든 것을 아는 사람은 얼마나 될까?

아담의 옆구리를 열어 하와를 만들었던 것처럼, 주 예수님은 옆구리를 열어 교회를 산출한 것이다. 아담이 몇 일 동안 잠들었는지 모르지만 주 예수님은 사흘을 잠드셨다.

"너는 내 뼈 중의 뼈요 살 중의 살."이라고 아담은 하와에게 말했고, 그리고 주님은 교회에게 "너는 내 뼈 중의 뼈요 살 중의 살."이라고 말씀하셨다. ♧

그날 이후

그날은 안식 후 첫날이었다. 바로 그 주(週)의 첫날이었다. 여덟째 날이었다.

여덟째 날! 8일째 되는 날은 하나님께서 할례를 받으라고 명하셨던 날이기도 하다. 그날, 그분은 부활하셨다. 사흘 만에 부활하셨다.

그날 이른 아침, 아직 어두울 때에 막달라 마리아는 주님이 묻힌 무덤으로 갔다.

'겁도 없지. 여자가 그 새벽에 다른 곳도 아닌 무덤에 가다니⋯⋯.'

우리들 중 몇 명은 마리아를 비난했다.

도대체 얼마나 이른 시간에 무덤에 갔던 것일까? 마리아가 시몬 베드로와 요한에게 달려왔을 때도 아직 미명이었다.

"무덤 문이 열려 있어요. 누가 주님을 무덤에서 가져갔어요."

마리아는 흐느끼면서 말했다. 베드로와 요한은 마리아의 말을 듣고 즉시 무덤으로 달려갔다.

"가보니 마리아의 말대로 무덤의 돌문이 열려 있었어. 들어가 보니 무덤은 비어 있고 그분이 누우셨던 자리엔 세마포가 놓여 있었어. 머리를 쌌던 수건은 그 옆에 가지런히 개켜 있었고."

세마포와 수건이 무덤 안에 그대로 있었다는 것은 무엇을 의미하는 것일까?

우리는 나중에 알았다. 그분의 부활은 새 창조라는 것을. 그러므로 그분은 옛 창조에 속하는 세마포와 수건은 무덤에 두고 부활하신 것이다.

그분의 죽음으로 옛 창조의 모든 것이 종결되었고, 그분의 부활로 새 창조가 싹을 틔웠다. 그래서 그분은 그 주의 마지막 날이 아니고 새로운 다음주의 첫날 부활하셔야 했던 것이다.

그분은 구약에 예표된 처음 익은 곡식이었다.

－이스라엘 자손에게 고하여 이르라. 너희는 내가 너희에게 주는 땅에 들어가서 너희의 곡물을 거둘 때에 우선 너희의 곡물의 첫 이삭한 단을 제사장에게로 가져갈 것이요. 제사장은 너희를 위하여 그 단을 여호와 앞에 열납 되도록 흔들되 안식일 이튿날에 흔들 것이며.－

레위기 23장에 따르면 첫 열매가 드려진 날은 바로 안식일 다음날, 즉 주(週)의 첫날이었다.

베드로와 요한은 마리아가 아직도 무덤에 있다고 말해 주었다.

"나는 주님이 부활하신 것은 믿었지만 그곳을 떠날 수가 없었어요. 주님이 보고 싶어서 그 자리를 그냥 뜰 수가 없었어요."
라고 마리아는 말했다.

마리아는 울면서 무덤 안을 들여다보았다고 한다.

"흰 옷 입은 두 천사가 주님이 누우셨던 곳에 있었어요. 하나는 머리쪽에 하나는 발쪽에 앉아 있었어요."

용감하게 무덤 속으로 들어갔던 베드로와 요한은 세마포와 수건을 보았지만, 그분을 사모하여 그곳을 떠날 수 없었던 마리아는 천사를 본 것이다. 아니 천사뿐 아니다. 마리아는 부활하신 그분을 만났다.

기쁨에 가득 찬 얼굴로 마리아는 우리에게 외쳤다.

"주님을 만났어요. 부활하신 주님을 만났어요."

우리는 놀람과 부러움으로 마리아를 보았다. 베드로와 요한도 조금만 거기에 머물렀으면 주님을 만났을 것을.

"내가 랍오니여 하면서 주님을 만지려고 하자 주님은 자기를 만지지 말라고 하셨어요. 아직 아버지께로 올라가지 못하셨다고요."

그건 정말 놀라운 일이었다. 하나님께 보이기 전에 마리아를 만났다는 것은.

─너희 토지에서 처음 익은 열매의 첫 것을 가져다가 너희 하나님 여호와의 전에 드릴지니라.─

모든 곡식은 곳간에 저장되지만 첫 열매는 성전에 가져갔다. 그러므로 첫 열매이신 그분은 부활하여 마땅히 하나님께 먼저 보여야 하셨지만 마리아의 사랑 때문에 잠시 지체하신 것이다.

아아, 우리의 사랑이 그분의 움직임을 지체할 수 있도록 뜨거울 수 있기를.

"그럼 지금 주님은 어디 계신가요?"

"주님은 말씀하셨어요. 너는 내 형제들에게 가서 이르되 내가 내 아버지 곧 너희 아버지, 내 하나님 곧 너희 하나님께로 올라간다 하라고요."

"뭐라고요?"

그동안 그분은 우리에게 주님이었고, 랍비였다. 그리고 그분이 가장 친근하게 우리를 부른 것은 〈친구〉였을 뿐이었다.

그런데 이제 그분은 그분의 아버지가 우리의 아버지이며 그분의 하나님이 우리의 하나님이라고 말씀하신 것이다. 우리에게 형제라고 하신 것이다.

형제란 무엇인가? 한 혈육이라는 것이다. 이제 그분과 우리는 한 분 하나님에게서 태어난 형제라는 것이다. 그렇다면 이제 그분은 더 이상 하나님의 독생자가 아니었다. 하나님의 맏아들이었다. 우리는 그분의 동생들이고.

'그래서 다윗은 이 일에 대한 계시를 받고 ―내가 주의 이름을 내 형제들에게 선포하고 내가 주를 교회 중에서 선포하리라― 라고 찬양했었구나.'

그러나 이러한 기쁜 소식에도 우리는 두려웠다. 이미 성 안에는 그분의 부활을 말하는 자들에게 핍박이 가해지고 있었다.

우리는 무서웠다. 유대인들이 정말 두려웠다.

대제사장들과 장로들은 그분의 부활의 역사를 왜곡시킬 음모를 꾸몄다. 그들은 군병들에게

"너희는 그의 제자들이 밤에 와서 너희가 잠든 사이에 그를 훔쳐

갔다고 해라."

하며 돈을 주었다.

"총독이 이 사실을 알면 우리는 총독에게는 뭐라고 합니까?"

"걱정 마라. 그건 우리가 알아서 할 테니. 만일 우리가 너희에게 이렇게 한 것을 총독이 알게 된다면 총독을 설득하여 너희에게 아무런 피해가 가지 않도록 할 테니 염려하지 말아라."

끔찍한 흉계였다.

종교와 정치의 부패는 언제나 쌍둥이처럼 붙어 다닌다. 군병들은 돈을 받고 소문을 냈다.

"그의 제자들이 시체를 훔쳐 갔다."

"어젯밤 우리가 잠든 사이에 시체를 훔쳐 갔다."

성 안에는 그분이 부활했다는 말과 그의 제자들인 우리가 시체를 훔쳐 갔다는 말이 퍼져 소동이었다.

그래서 문을 꼭꼭 걸어 잠그고 우리는 모여 있었다.

그분을 따르던 많은 사람들 중에는 부활에 대한 의문을 품고 예루살렘을 떠난 자들도 있었다. 그분은 우리에게 예루살렘에 머물러 있으라고 말씀하셨지만 그들은 실망해서 집으로 내려갔던 것이다.

'도마는 어디로 간 것일까? 이럴 때 함께 있었으면 좋으련만.'

마리아는 몇 번씩이나 그분을 만난 이야기를 우리에게 들려주어 우리에게 소망을 주었다.

'여자여, 어찌하여 울며 누구를 찾느냐? 하셨어요. 나는 그분이 동산지기인 줄 알았어요. 그래서 주님의 시체를 옮겼으면 달라고 그랬지요. 내가 주님을 몰라 보리라고는 상상도 못했지요. 그런데 그분이 마리아야 하고 내 이름을 부르는 순간 나는 알았어요.”

변화산에서 그분의 변한 모습을 미리 보았던 베드로와 요한은 마리아의 말에 고개를 끄덕였다.

우리가 마리아의 이야기를 듣고 있는데 누군가 문을 두드렸다.

“누구요?”

“저희입니다. 글로바예요.”

글로바라면 오전에 엠마오로 떠났던 사람이었다. 문을 열어주자 그들 둘은

“주님을 만났어요.”

하고 외치며 뛰어 들어왔다.

“어디서? 어떻게?”

“처음엔 전혀 몰라 뵈었습니다. 걸어가는 내내 우리에게 모세와 및 모든 선지자의 글로 시작하여 모든 성경에 주님이 어떻게 예표되었는지 말씀해 주셨는데도 그분이 주님인 건 몰랐다니까요. 다만 그분이 성경을 풀어 주실 때 우리의 속이 뜨거웠습니다.”

“그런데 언제 주님인 걸 알았는가?”

“우리와 음식을 잡수시면서 축사하시고 떼어 주실 때, 우리 눈이 밝아져 알게 되었습니다. 그래서 바로 이렇게 예루살렘으로 돌아온 것입니다.”

그런데 바로 그때였다.

“너희에게 평강이 있을지어다.”

라고 말씀하시면서 그분이 나타나셨다. 그렇다. 오셨다고 표현할 수 없다. 나타나셨다고 해야 알맞은 표현이 될 것이었다.

어떻게 이런 일이 있을 수가 있을까? 문을 꼭꼭 걸어 잠근 그 방에 그분은 어떻게 들어오신 것일까?

우리는 너무 놀라서 그분에게 어떻게 문을 열지도 않고 들어오셨는지 묻지를 못했다.

"영인 게야."

누군가가 혼잣소리처럼 말했다. 그러자 그분은 우리에게 당신을 만져보라고 말씀하셨다.

"영은 살과 뼈가 없으되 너희 보는 바와 같이 나는 있느니라."

그분은 우리에게 숨을 불어 내쉬며

"그 영을 받으라!"

고 말씀하셨다. 아! 우리는 십자가에서 돌아가시기 전에 '아직 영광을 받지 못하시므로 그 영이 없었다.'는 그 말씀이 이제 비로소 깨달아졌다. 이제 그분은 십자가와 죽음과 부활을 거쳐 그 영이 되신 것이다. 공기처럼 쉽게 마실 수 있는 그 영이 되신 것이다.

그분은 우리의 마음을 열어 성경을 깨닫게 하셨다.

그리고 그분은 사라지셨다.

가신 것이 아니다!

문을 잠근 방에 '오신' 것이 아닌 것처럼 그분은 '가신' 것이 아니다. 단지 나타나셨다가 사라지셨다.

그렇게 나타났다가 사라지시던 그분은 부활하신 지 40일 되는 날,

우리가 보는 앞에서 승천하셨다.

　이제 우리는 알고 있다. 지금 그분은 공기 같은 영이시므로 단지 그 모습이 보이지 않을 뿐이지 우리와 항상 같이 살고, 먹고, 마실 수 있는 분이 되었다는 것을…….

　그래서 그분은 승천하시기 전에 우리에게 다른 긴 설명을 하시지 않고 다만 이렇게 말씀하셨다.

　"이 세상 끝날까지 내가 너희와 함께 있을 것이다." ⚜

-네번째-

그의 이름이 바뀌었다

참으로 상상할 수도 없는 일들이 그에게 일어났다.

어떻게? 왜?

너무나 놀라운 일들이 갑자기 일어났기 때문에 난 그저 당황스럽기만 했다. 하지만 그는, 그처럼 놀라운 일을 겪은 그는 아주 침착하고 당연하게 그 상황들을 받아들이고 있었다. 오히려 얼마 전에 처형된 스데반이 죽을 때보다도 더 갈등이 없어 보였다.

나는 안다. 스데반이 죽었을 때 느꼈던 그의 갈등을.

비록 그는 표현하지 않았지만, 냉혹하리만큼 침착했던 그에게 스데반의 말과 행동, 그리고 죽음은 머리통을 한 대 친 것 같은 기분이었다는 것을 말이다.

스데반은 그 도를 좇는 무리 중 하나였다. 큰 기사와 표적을 행할 뿐 아니라 놀라운 지혜로 변론을 하는 스데반을 어느 누구도 당하지 못했다.

　비겁하게도 스데반과 변론을 해서 진 사람들은 스데반이 모세와 하나님을 모독하는 말을 했다며 붙잡아 공회에 끌고 갔다.

　그때 나는 스데반의 빛나는 얼굴을 보고 깜짝 놀랐다. 천사와 같았다. 내가 보기에 스데반은 참으로 하나님을 경외하는 사람 같았다. 나는 스데반이 모세 5경과 이사야를 쫙 꿰고 있는 것을 보고 정말 놀라지 않을 수 없었다.

　스데반은 참으로 담대하게 사람들에게 그 도를 전했다.

　"너희 조상들이 선지자들 중에서 핍박하지 않은 자가 누구냐? 의로운 분이 오시리라 예고한 사람들을 그들이 죽였고 이제 너희는 그 의로운 분을 잡아준 자들이요, 살인한 자들이 되니 너희는 천사들이 전해준 율법을 받고도 지키지 않았도다."

　사람들은 스데반이 하는 말을 듣고 격분하여 이를 갈았다. 그 비난과 이를 가는 소리를 들으면서 스데반은 하늘을 우러러보더니

　"보라. 하늘이 열리고 인자가 하나님 오른편에 서신 것을 내가 보노라!"

하고 외쳤다.

　스데반이 말을 마치자마자 사람들은 큰 소리를 지르며 귀를 막고 스데반에게 달려들었다. 그리고는 성 밖으로 끌고 가서 내쳤다.

　"하나님을 모독하는 자는 돌로 쳐라!"

　"돌로 쳐라!"

　사울, 그는 스데반이 죽임 당하는 것이 마땅하다고 말했다. 그리고는 기꺼이 스데반을 돌로 치려는 자들의 겉옷을 맡아 주었다.

　　하지만 나는 스데반이 돌로 맞아죽으면서

　　"주 예수여, 내 영혼을 받으시옵소서!"

하고 부르짖은 말과 무릎을 꿇고 크게 외친 '주여, 이 죄를 저들에게 돌리지 마옵소서!' 라고 한 기도가 그날 그의 마음을 두드렸다고 믿고 있다.

　　그렇지 않다면 지금 일어난 이 일들에 대해 그처럼 확신에 차 있지는 않으리라.

　　스데반이 죽고 난 후 예루살렘에 있는 교회는 유대와 사마리아 각 지방으로 흩어졌다. 심한 핍박 때문이었다.

　　그는 이 핍박에 앞장섰다.

　　"이 도를 좇는 사람들은 다 없애야 하네."

　　그는 교회를 없애기 위해 각 집에 들어가 남녀를 끌어다가 옥에 넘겼다.

　　그뿐이 아니었다.

　　그는 예루살렘에 있는, 믿는 이들을 핍박하는 것으로 만족하지 않고, 여전히 예수의 제자들에게 위협과 살기가 등등해서 대제사장을 찾아갔다. 예루살렘에서 흩어진, 많은 믿는 이들이 다마스커스(다메섹)에 가서 전파하고 있다는 소식을 듣고서였다.

　　"다마스커스에 이 도를 따르는 사람들이 많다고 합니다. 여러 회당에 보낼 공문을 주십시오."

　　그는 그 도에 속한 사람을 만나면 남자든 여자든 결박하여 예루살렘으로 잡아 오겠다고 말했다.

"예수의 이름을 부르는 자들만 잡아들이면 됩니다."

사실 그들은 만나기만 하면 쉽게 잡을 수 있었다. 왜냐하면 그들은 예수의 이름을 부르는 사람들이었으니까. 그들은 두려움 없이 목숨을 내던지고 예수의 이름을 불렀다.

요엘 2장 32절에 있는 〈누구든지 주의 이름을 부르는 자는 구원을 얻으리라.〉에서 '부른다'는 것은 '외쳐 부른다'는 의미였으므로 그들은 두려워 하지 않고 "주 예수!"를 불렀다.

스데반이 죽으면서 "주 예수여!"라고 외쳐 부르던 것을 나는 생생하게 기억하고 있다.

문제는 십자가에서 죽은 예수가 과연 그 그리스도였으며 우리 죄를 대신한 구주였냐는 것이었다. 정말로 그분이 하나님의 아들이라면 그의 이름을 불러야 한다.

"하지만 아직 메시아는 오시지 않았어."

그는 예수를 믿는 자들에게 분노했으며 하나님을 위해 그 예수 이름 부르는 자들을 잔해해야 한다고 믿고 있었다.

사울! 나는 그를 속속들이 다 안다고 말할 순 없지만 그러나 누구보다도 그를 잘 알고 있다고 생각한다.

그의 이름 '사울'은 큰 자라는 의미였다. 그는 정말 하나님 앞에서 큰 사람이기 위해 다른 사람보다 더 하나님을 사랑하고 하나님께 마음을 다하여 섬기고 충성했다.

그는 누구보다도 하나님의 율법을 사랑하고 준수했다. 하나님을 위해 성심을 다했다.

나는 그를 존경했다.

그와 나는 타르소스(다소)에서 태어났다.

우리의 고향인 타르소스는 소아시아의 길리기아 지방에 있는 중요한 도시였다.

지중해에서 약 18 km 떨어진 곳에 위치한 우리의 고향은 키드누스 강변에 위치하고 있었다.

키드누스 강은 화물을 싣고 내리는 데 안전한 자연항이었기 때문에 타르소스는 번창한 도시가 될 수밖에 없었다.

타르소스는 페르시아(바사)가 지배했을 때는 길리기아의 수도였으나 알렉산더에게 점령당한 후에는 그리스 (헬라)의 자치도시가 되었다. 자치도시가 되자 타르소스는 그리스의 교육과 문명의 영향을 받게 되고 곧 지적(知的) 생활의 중심지가 되었다.

BC 170년 전부터 우리 유대인들은 이 도시에서 살았다. 당시의 셀류키드 왕조는 경제 성장을 위해 우리 유대인들의 도움을 필요로 했으므로 타르소스에 사는 우리 유대인들은 그리스 거주자들과 똑같은 권리를 부여받게 되었다.

로마가 그리스를 정복한 후 상황은 다소 바뀌었다. 타르소스를 중심도시로 해서 길리기아를 로마의 한 도(道)로 만들어 버린 것이다.

타르소스는 로마인들에게도 중요한 도시였다. 무역항뿐만 아니라 질이 좋은 아마포가 생산되는 곳이기도 했기 때문이다. 한때는 그 유명한 키케로가 타르소스의 총독으로 재임하기도 했다.

아우구스투스는 타르소스를 아예 자유도시로 만들었다. 그러자 타르소스는 로마제국 내에서 알렉산드리아나 아테네와 버금가는 지적 생활의 중심 도시가 되었다.

이런 영향으로 길리기아에서 살아 왔던 우리 유대인들은 태어날 때부터 로마의 자유시민권을 갖게 되었다.

어떤 면에서 우리 타르소스의 유대인들은 '헬라의 문화'와 '로마 정치' 그리고 '히브리 종교' 세 요소를 고루 갖춘 사람들이라 해도 과언이 아니었다.

그리고 사울, 그가 바로 대표적인 사람이었다. 그는 헬라어와 우리의 모국어 히브리어를 마음대로 구사할 수 있었으며 문화와 정치, 종교에 대해서 박사였다.

거기다가 그는 가말리엘의 문하생이었다. 가말리엘에게 율법의 엄한 가르침을 받은 사람인 것이다.

가말리엘이 누군가? 그는 산헤드린 지도자의 한 사람으로 율법학자였지만 다른 율법학자들과는 달리 융통성이 있었고 한마디로 인격자였다.

가말리엘에 대한 우리 유대인들의 존경심은 대단했다. 가말레엘은 율법사들과는 구분이 되는 〈랍반〉이라는 직명을 하나 더 받았는데 〈랍반〉이란 명칭은 '우리의 주, 스승'이라는 의미였다. 사울은 그런 분의 문하생이었다.

그날, 나는 그를 따라 다마스커스로 향하고 있었다.

예수의 이름을 부르는 자들을 결박할 권세가 사울, 그의 손에 쥐어 있었다.

다마스커스 가까이에 이르렀을 때였다.

바로 그때 놀라운 일이 벌어졌다. 그것은 너무 순간적인 일이었다. 정말이지 너무 갑작스런 일이었다.

갑자기 그가 땅에 엎드려진 것이다. 정오였다.

그때 나는 보았다. 빛이 그를 둘러싸는 것을.

그리고 하늘에서 음성이 들려왔다. 하지만 누구도 그 소리를 들을 수 없었다.

다만 그가 "주여, 누구십니까?"하고 묻는 소리를 나는 들었다.

나중에 나는 그에게 주 예수님이 "사울아, 사울아, 네가 어찌하여 나를 핍박하느냐!"고 물었다는 말을 들었다.

"내가 주여 누구십니까 하고 묻자 '나는 네가 핍박하는 예수다!' 라고 대답하셨네."

나는 그의 말을 듣고 의아했었다.

"사울님은 예수를 핍박한 적이 없잖습니까? 그런데 왜 그분은 '왜 나를 핍박하느냐?'고 하셨을까요?"

"바로 그것일세. 난 커다란 한 몸을 보았네. 머리는 하늘에 두고 몸은 이 땅에 둔 한 새 사람을 말이네. 내가 핍박한 그 믿는 사람들이 바로 그 분의 몸의 일부였던 거야. 그래서 내가 몸에게 상처를 내자 그분은 내게 소리를 지른 걸세. 내가 자네 발을 밟으면 아프다는 소리는 어디서 나오는가? 자네 머리에 있는 입이 아닌가. 이 얼마나 놀라운 일인가?"

물론 이런 대화는 나중에 그와 나눈 것이다.

그날, 땅에서 일어난 그는 눈은 떴으나 아무것도 보지 못했다. 그처럼 무엇이나 잘 알고 보던 그가 아무것도 볼 수 없다고 했다. 그는 우리가 내민 손을 의지하는 그런 사람이 되어 버렸다.

나는 그를 직가 거리에 있는 유다의 집으로 데리고 갔다.

그는 사흘 동안 아무것도 먹지 않고 마시지도 않았다. 그는 보이지 않았기 때문에 아무것도 하지 않았다. 아니, 할 수가 없었다. 그는 다만 기도했다.

아나니아란 사람이 그를 찾아온 것은 그러니까 그 사흘 뒤였다.

아나니아는 조심스럽게 그를 찾았다.

"타르소스 사람 사울이 여기 있지요? 주 예수님께서 보내셔서 왔습니다."

나는 정말 깜짝 놀랐다. 볼 수 없는 그를 유다의 집으로 데리고 온 것은 나였다. 그리고 그와 나는 아나니아란 사람을 단 한 번도 만난 적이 없었다.

그런데 주 예수님이 아나니아에게 나타나셔서 여기에서 사울이 기도하고 있다고 알려주셨다는 것이다.

나는 아나니아를 기도하고 있는 그에게 데리고 갔다. 아나니아는 그를 보자마자 그에게 안수하며 말했다.

"형제 사울아, 주 곧 네가 오는 길에서 나타나시던 예수께서 나를 보내어 너로 다시 보게 하시고 성령으로 충만하게 하신다."

그러자 그의 눈에서 비늘 같은 것이 떨어졌다. 그리고 그는 즉시 눈을 떠서 아나니아를 쳐다보았다.

"우리 조상의 하나님이 너를 택하여 너로 하여금 자기 뜻을 알게 하시며 그 의로운 분을 보게 하시고 그분의 입에서 나오는 음성을 듣게 하셨으니 네가 그분을 위하여 모든 사람 앞에서 네가 보고 들은 것들의 증인이 되리라. 왜 주저하느냐, 이제는 일어나 주의 이름을 불러 침례를 받고 너의 죄를 씻으라."

그는 처음 보는 그 아나니아의 말을 듣고 머뭇거리지 않고 주의 이름을 부르며 침례를 받았다.

"주 예수님!"

이럴 수가! 그 이름 부르는 자들을 죽이러 온 그가 그의 이름을 불렀다. 외쳐 불렀다! 스데반이 죽을 때 외쳤던 그 이름을 말이다.

그는 곧바로 사람들에게

"누구든지 주의 이름을 부르는 자는 구원을 얻으리라!"

라고 선포하고 가르쳤다.

그리고 그는 사울이라는 이름을 바울로 바꾸었다. 바울은 〈가장 작은 자〉라는 의미였다. ♣

하나님이 사람 되심은

첫 휴가를 나와서 나는 깜짝 놀랐다.

모든 것이 너무나 변해 있었기 때문이다.

그동안 가족들의 편지로 뭔가 변하고 있다는 느낌은 받았지만 이 정도일지는 몰랐다.

우선 사는 집이 달라졌다. 그렇게 긴 세월을 살았던 사택에서 평범한 아파트로 바뀐 것이다.

좋아해야 하는 걸까?

그래야 할 것 같았다. 보통 집에서 살고 싶어한 것은 우리 형제들에게 꿈이었으니까.

"목사님 딸이라는 말을 듣지 않았으면 좋겠어."

누나의 희망은 곧 우리의 희망이기도 했다. 잘하면 다행이고 잘못하면 욕을 먹는, 칭찬은 없는 것이 목사님의 아들, 딸인 우리들의 생활이었다.

217

아버지 친구 한 분이 설교 도중 반대파의 장로들에게 멱살을 잡혀 강단에서 끌어 내려진 일이 있었다. 진리를 잘못 전해서가 아니었다. 출신이 다르다는 이유였다. 그 사실을 안 이후로 동생은 아버지 직업 칸에 '노동'이라고 썼다.

그런데 아버지는 반대파도 없는데도 강단에서 스스로 내려오셨다. 성경에 나타난 교회 생활을 하기 위해서라고 아버지는 말했다. 이제 아버지 직업 칸에 '무직'이라고 써야 할 판이었다.

"성경적인 교회 생활이 되도록 아버지가 교인들을 가르치시면 되잖아요."

아버지는 내 말에 고개를 저었다.

"이스라엘 백성들이 애굽에서 하나님을 섬길 수 있었으면 왜 하나님이 출애굽을 시켰겠니? 바벨론에선 왜 나와야 했겠니? 그곳에서 성전을 짓고 생활하면 될 것을."

아버지는 성전이 꼭 예루살렘에 건축되어야 하는 것처럼 교회 역시 하나님이 원하는 합당한 입장 위에 건축되는 것이라고 말했다.

나는 아버지의 말이 납득이 되지 않았다. 그래서 이것저것 의문을 제시했다.

"난 너와 변론하고 싶지 않다. 시간이 아까우니까."

나는 아버지가 나를 단지 아들로 여겨 대화의 상대로 생각하지 않기 때문에 그렇다고 생각했다. 그래서 나는 내가 얼마나 하나님께 은혜를 많이 받았으며 하나님께 열심인지를 설명했다.

"저는 기도했어요. 새벽기도를 할 수 있는 곳으로 배치되게 해달라고요. 하나님은 제 기도를 들어주셨어요. 그렇지 않다면 제가 어떻게 카투사 부대 군종과에 배치될 수 있었겠어요?"

정말 그랬다. 나는 사회에 있을 때보다 훨씬 더 많은 시간을 성경에 연구할 수 있게 되었고 더 많은 시간을 기도할 수 있게 되었다.

"이것이 하나님이 저를 사랑하시기 때문이 아닌가요?"

"그래, 하나님은 너를 사랑하신다."

아버지는 말씀하시면서 웃으셨다.

나는 속이 상했다. 아버지는 나를 계속 어린 아들이라고 생각하고 있는 게 분명했다. 어쩌다 기회가 주어져 수요일 집회에서 설교를 하면 사람들은 나에게 은혜 받았다고 말하는데도 말이다.

"넌 구원이 목적이라고 생각하고 있어. 구원은 시작인 게야."

"시작이라고요? 구원받기 위해 예수를 믿는 것이 아닌가요?"

"아니다. 우리가 예수를 믿는 것은 하나님처럼 되기 위해서다."

나는 어이가 없었다. 사람이 하나님이 된다고?

'그렇다면 아버지는 이단이에요. 그건 신성 모독이에요.' 라고 외치고 싶은 것을 나는 꾹 참았다.

"유명한 신학자 아타나시우스는 [성육신에 관하여(de incar)]라는 책에서 그 유명한 '하나님이 사람이 되신 것은 사람이 하나님 되기 위함이다' 라는 말을 썼다. 기억하고 있지?"

"예." 라고 나는 대답했다. 그러나 솔직하게 말한다면 한 번 읽어본 적이 있을 뿐이었지 그 말을 깨닫고 있었던 것은 아니었다. 그랬기 때문에 나는 그 말을 듣고 깜짝 놀랐다.

"하나님이 사람 되는 것과 사람이 하나님 되는 것이 하나님에게 어려운 일이라고 생각하니?"

"아뇨. 그건 하나님께 쉬운 일이지요."

나는 아버지의 말씀에 무슨 함정이 있는 것은 아닐까 해서 조심조심 깊이 생각해서 대답했다.

"그런데 네가 하나님이 된다는 것은 믿어지지 않지?"

있을 수 없는 일이라고 나는 말하고 싶었다. 하지만 내가 말하기 전에 아버지께서는

"우리 주님은 제자들에게 하나의 밀알이 땅에 떨어져 죽으면 많은 밀알이 된다고 말씀하셨다. '주님이 한 알의 밀알 되심은 우리가 많은 밀알이 되기 위함이다.' 이 말이 틀린 것이라고 말할 수 있니?" 하고 내게 되물으셨다.

"다르게 표현해 본다면 하나님이 '이 땅에 자기 아들을 심은 것은 그 아들과 똑같은 아들을 수확하기 위함이다.'라고 할 수 있겠지."

나는 아무 대답도 할 수 없었다.

"아타나시우스보다 먼저, 그보다 더 100년 앞서 이레네우스도 성육신에 관한 사상을 이렇게 밝혔다. '하나님은 그리스도의 성육신으로 한 아들을 잃었지만, 성육신을 통하여 많은 아들을 얻었기 때문에 한 아들을 잃는 손해는 많은 아들을 얻는 하나님의 이익이라고 말이다.'"

아버지는 주 예수님이 씨 뿌리는 자였으며 또 씨앗이었던 것을 잊지 말라고 덧붙여 말했다.

"그분은 하나님을 우리에게 뿌렸던 것이다. 그러므로 사도 요한은 '그날엔 우리가 그와 똑같이 된다'라고 요한일서에서 말했고, 바울은 주와 합한 자는 한 영이며 우리가 주와 똑같아지는 것이 우리의 소망이라고 말했다."

아버지의 말은 조금도 틀림이 없었다. 하지만 나는 혼동을 느꼈다.

'왜지?'

문제는 내가 알고 있는 지식과 다르다는 데 있었다. 아버지는 그것이 관념이라고 했다.

"우리는 모든 기준과 사실을 성경에 근거해야만 한다. 우리의 지식, 우리의 느낌은 믿을 것이 못 된다."

나는 그 말에 "아멘!"이라고 대답했다.

"회개란 생각을 돌이키는 거란다. 우리의 잘못과 죄를 뉘우치는 문제가 아니야. 침례 요한은 회개하라 천국이 가까워 왔다고 전파했다. 회개란 천국을 위해 필요한 것이고, 천국 백성이 되기 위해선 하나님의 생명이 필요하다. 우리에게 죄가 없다 해도 우리는 하나님이 필요한 거다. 더 정확하게 말한다면 우리가 죄를 하나도 짓지 않았어도 우리는 거듭나야 한단 말이다."

아버지는 내게 많은 이야기를 하려고 하셨지만 그때 마침 손님들이 찾아왔다.

"다시 이야기하자."

서운해 하면서 아버지가 일어나시자마자, 동생이 옆에 있다가 기다리고 있었던 것처럼 끼여들었다.

"꿀벌 왕국에 살려면 꿀벌의 생명이 있어야 해. 형은 거듭났어?"

"네가 뭘 안다고 그래."

'말썽이나 부리던 녀석이' 라는 말이 이어 튀어나오려는 것을 나는 억지로 참아냈다.

동생은 작년, 고등학교 1학년 때 친구들과 어울려 집을 나간 적이 있었다.

아버지는 동생이 집에 돌아올 때까지 문을 잠그지 못하게 했다.

"집 앞까지 왔다가 문을 열어달라고 하지 못해서 그냥 돌아갈지도 모르니까."라고 아버지는 말했다.

그때 나는 뭐라고 했더라.

"도둑맞으면 아버지가 다 책임지세요!"라고 했었지.

녀석은 아버지 말대로 밤에 살짝 들어왔다. 서재에서 기다리고 있던 아버지가 어떤 행동을 했는지 나는 모른다.

아침에 본 동생의 태도에서 돌아와 준 것에 고마워하라는 표정을 읽고 화가 났던 것이 기억난다.

"한 번만 더 그따위 짓을 해봐라. 이 형이 가만 두지 않을 거야."

그러고 나서 며칠 후 나는 골목 끝에 서 있는 아버지를 보았다.

나는 아버지가 버스 정류장에 서 있는 동생의 행동을 감시하는 줄 알았다. 녀석이 담배를 피우고 있었기 때문이다.

"아니 고등학생이, 내 저 녀석을."

나는 태연하게 버스 정류장 앞에서 아버지가 보는 줄도 모르고 담배를 피우고 있는 동생을 한 번 걷어차 주려고 생각했다. 하지만 아버지는 내가 그리로 가는 걸 막으셨다.

"좀 기다리거라. 저 녀석이 너나 나를 보면 무안해 할 거다. 담배 끄면 나가자."

그런데 그 말썽쟁이 동생이 성실한 형인 나에게 어이없게도 거듭 났냐고 물은 것이다.

나는 군종 사병답게 억지로 참으면서 웃음까지 띤 얼굴로

"넌 거듭났니?"

라고 물었다.

"그럼, 형. 난 하나님의 사람이야. 내 안에서 하나님의 생명이 자라고 있거든."

동생의 말에 나는 입을 딱 벌렸다.

"난 언제나 주 예수님이 내 죄를 위해서 피를 흘린 사실을 누리고, 내 안에 생명이 되어 사시는 주님과 함께 살아. 사실 말야 형, 하나님을 믿는 것은 죽어서 지옥에 가지 않는다는 그런 낮은 차원의 것이 아니잖아."

나는 믿을 수가 없었다. 동생의 입에서 그런 말이 나올 것이라고는 상상도 못해 봤다.

"돼지를 깨끗하게 씻어서 침대에 두면 살 수 있겠어? 돼지는 더러운 돼지우리가 그리워서 살 수 없을 거야, 사람도 마찬가지야. 형! 죄인을 깨끗하게 씻어서 하나님 나라에 둔다면, 죄를 짓고 싶어서 살 수 없을 거야. 나같이 나쁜 아이를 예수님의 피로 깨끗하게 씻어서 하나님 나라에 두어도 거짓말하고 싶고, 싸우고 싶어서 못 견딜 거야."

"그럼 어떻게 해야 하니?"

나도 모르게 나는 동생에게 물었다.

"하나님 나라에서 살려면 하나님 생명으로 거듭나야 하는 거야."

동생은 호랑이 새끼 이야기를 했다.

"호랑이가 새끼일 때는 큰 개를 무서워할 수도 있어. 컹컹 짖으면 도망가기도 하고, 하지만 호랑이가 크면 어림도 없는 일이지."

나는 그렇게 말하는 동생을 가만히 바라보았다. 대견하고 사랑스러웠다.

"난 지금 새끼 호랑이야. 하지만 곧 자랄 거야. 지금은 사탄이란 커다란 개 앞에서 쫓겨 가기도 하지만 이제 곧 그 개쯤은 이길 수 있어. 형, 내 안의 생명은 하나님의 생명이거든. 생명은 자라잖아."

"너 정말 변했구나!"

나는 덥석 동생의 손을 잡고 흔들었다. 괜히 눈물이 났다.

아버지와 다시 이야기를 나눌 때는 정말 관념을 벗어나리라. ✿

아버지, 부탁이 있어요

아버지, 같은 집에서 살면서 편지를 쓰려니 좀 어색한 기분입니다. 어버이날 부모님께 감사 편지를 쓴 것 말고는 처음 편지를 쓰는 것 같습니다.

아버지, 지금 많이 고통스러우시지요?

행여나 이 글이 아버지를 더 고통스럽게나 하지 않을까 염려가 됩니다. 하지만 전 꼭 아버지께 이 말들을 하고 싶어요.

어제 아버지와 형이 나누는 이야기를 들으면서 저는 많은 갈등에 빠졌습니다. 무엇이 옳은지 그른지 갈피를 잡을 수가 없었어요.

어떤 것은 아버지의 말씀이 옳은 것 같았고, 또 어떤 것은 형의 말이 옳은 것 같았어요.

형은 갈등하고 있는 제게 말했어요.

"옳고 그른 것을 따지지 마. 성경에 있는 것들만 받아들여."

"알았어."

라고 저는 대답했습니다. 그러면서 아버지께서 늘 말씀하셨던

"우리 그리스도인은 성경에 있으면 믿고, 성경에 없으면 아무리 훌륭한 분이 말해도 아니다."

라는 그 말을 떠올렸습니다.

'그래, 모든 기준은 성경이다! 나는 아버지 편도, 형 편도 아니다. 나는 하나님 편이다.'

그렇게 속으로 외치자 엉킨 실타래같이 뒤죽박죽 되었던 것들이 스르르 풀렸습니다.

맞아요, 아버지 말씀대로 그것은 형의 작은 반란이었습니다.

형은 우리 가족이 그토록 아껴 왔던 그 액자를 떼어 불태웠습니다. 아버지께서 놀란 만큼 저도 놀랐습니다.

"무슨 짓을 한 거냐?"

우리에게 큰소리 한 번 안 내시던 아버지께서 처음으로 화를 내셨습니다.

"우상을 치워 버린 겁니다."

형은 여태껏 예수님 얼굴이라고 생각했던 그 그림이 가짜라는 사실이 분하다고 했습니다.

겟세마네 동산에서 피땀을 흘리며 기도하는 그 사진(실제적으로는 그림)은 거실 중앙에 걸려 있었지요.

형의 말을 듣기 전에는 그 사진이 하나의 우상일 수도 있다는 것을 저는 꿈에도 생각지 못했었습니다. 아마도 아버지 어머니도 그러셨을 것입니다. 그렇지 않다면 아버지와 어머니가 그토록 그 액자를 아

끼시지 않았을 테지요. 이사할 때도 그 액자는 짐 속에 같이 넣지 않고 우리 가족의 손에 들려 운반되었었지요.

저는 어릴 때부터 그 액자의 얼굴이 주 예수님의 얼굴이라고 알고 자랐습니다.

답답한 일이 있을 때 저는 그 액자 앞에 서서 속삭였던 것을 고백합니다.

"예수님, 도와주세요."

생각해 보면 간절한 얼굴로 기도하는 그 그림이 제게는 정말 우상이었던 것입니다. 가톨릭 신자들이 마리아 상 앞에서 기도하는 것이나 별로 다를 바 없는 일을 저는 했던 것입니다. 마리아 상은 우상이고 예수님 얼굴이 그려진 액자는 우상이 아니라고 저는 말하지 못하겠습니다.

아버지는 "누가 그 액자 앞에서 기도하라고 했니?" 하고 말씀하실 겁니다.

그러나 아버지, 저는 눈을 감고 "예수님!"을 부르며 기도하면 그 액자의 얼굴이 떠오릅니다. 그러니 액자의 그 얼굴에 기도하는 거지요. 아버지는 그렇지 않으신가요? 제게만 나타나는 현상인가요?

아버지, 저에겐 때때로 성경까지도 우상이었습니다.

시험 전 날 저는 성경을 머리맡에 놓고 자면서 시험을 잘 보게 해달라고 기도했습니다.

아아, 아버지.

이스라엘 사람들이 전쟁에 이기기 위해 여호와의 법궤를 전쟁터에 가지고 나갔던 그 미신적인 방법을 제가 사용하고 있었다는 것을 저는 어제 비로소 알았습니다.

"아버지, 예수님은 저 그림처럼 생기지 않으셨어요. 저건 가짜예요!"

형이 흥분해서 외치자 아버지는 침착한 목소리로 그러나 비꼬듯이 말씀하셨습니다.

"네가 예수님을 본 것처럼 말하는구나."

"아뇨. 아버지 제가 보았다는 게 아니에요. 성경에서 말하고 있는 사실을 믿는 거예요. 이사야는 주 예수님이 '마른 땅에서 나온 줄기 같아서 고운 모양도 없고 풍채도 없는즉, 우리의 보기에 흠모할 만한 아름다운 것이 없도다.'라고 말했습니다. 그리고 바리새인들은 예수님과 대화 중에 '50도 안 됐으면서' 하고 주님을 비난했어요. 그 당시 주님은 30살이었는데, 그런 말씀을 들은 거예요. 얼마나 늙어 보였으면 그랬을까요? 그런데 저 액자의 얼굴은 아주 미남이 아닙니까?"

아버지는 형이 성경을 말하자 보일 듯 말 듯 미소를 지으셨습니다. 형의 말에 승복한다는 표시라고 저는 생각했습니다. 비록 아들이라도 성경을 말하면 받아들이는 아버지가 저는 좋습니다.

그리고 아버지는 가볍게 형에게 농을 거셨지요?

"네 말에도 일리는 있다. 하지만 주님을 사랑하는 마음으로 예수님을 좀 잘 생기게 그리면 주님이 기뻐하시지 않겠니?"

"그렇다면 아버지, 제가 아버지를 사랑하는 마음으로 아버지와 전혀 닮지 않은 인물 사진을 가지고 다닌다면 그래도 아들이 나를 생각해서 그러는 거니까 하며 기쁘시겠습니까?"

아버지는 형의 물음에 아무 대답도 하지 않으셨습니다. 아니, 못하셨습니다.

언젠가 아버지는 가정 성경공부 시간에 우리에게 말씀하셨습니다.

"하나님은 참 세밀하신 분이다. 포로로 잡혀갔던 이스라엘 사람들이 돌아온 숫자를 몇천, 몇백, 몇십, 몇 명까지 기록한 것을 봐라. 우리의 머리카락 한 올까지도 다 세시는 분이다."

그러면서 아버지는 사람의 머리카락이 하루에도 몇 십 개 이상 빠지고, 다시 나오는데 하나님은 그 숫자를 다 헤아리신다고 말씀하셨습니다. 저는 그때 얼마나 감동을 받았는지 모릅니다.

'내가 믿는 하나님은 세밀하신 분이다. 내 머리카락, 내 발걸음을 다 아시고 인도하신다.'

아버지, 그 분명한 하나님께서 왜 2000년 전에 사진술을 발달시키시지 않은 것일까요? 왜 사람들이 두고두고 기억하도록 예수님 사진 한 장 안 남기신 것일까요?

형은 말했어요.

"예수님 사진은 누룩입니다. 여자가 가루 서말 속에 넣은 누룩 말이에요. 누룩은 순수한 것을 부풀려요. 우리 주님은 누룩이 없는 무교병인데 사탄은 무교병이 딱딱해서 먹기에 불편하니 누룩을 넣어 부드럽게 하는 것이 좋지 않으냐고 유혹합니다. 주님은 죽고 부활하셔서 생명 주는 영이 되셨는데, 사탄이란 녀석은 〈이제 주는 그 영이시니〉라는 말씀을 뒤집으려고 예수님 얼굴을 우리 속에 새겨 넣고 있는 거예요. 그 영으로 우리 안에 살고 계시는 그분을 종이 속에 넣어 우리가 바라보는 분으로만 만든다고요."

"그래, 사탄은 속이는 자다. 예수님 사진이 누룩이라……."

아버지는 액자가 걸렸던 빈자리를 바라보시면서 혼잣말처럼 말씀하셨어요.

"맞습니다. 아버지, 예수님을 그토록 사랑하던 마리아도 부활하신 주님의 모습을 알아보지 못했어요. 바로 앞에서 말씀하시는 예수님을요. 엠마오로 내려가던 두 제자도 주님과 대화를 나누면서도 알아보지 못했어요. 영이 아니고는 그분을 알아볼 수 없었던 거예요. 그런데 그림이 무슨 의미가 있겠어요. 거기다가……. 이것 좀 보세요."

형은 인터넷 사이트에서 뽑아온 자료를 내놓았습니다.

저는 정말 그 내용을 읽고 놀랐습니다.

'주 예수님은 결코 장발이 아니었다.'

그 말은 제게 신선한 충격을 주었습니다. 저는 주 예수님이 육신을 입고 이 땅에 살아 계실 때, 액자 속의 그림의 머리처럼 긴 머리를 한 채로 사셨는 줄 알았거든요. 예수님의 얼굴이 그렇게 제 마음에 새겨져 있으니까요.

그런데 성경엔 남자의 머리 긴 것이 하나님을 욕되게 하는 것이라고 되어 있군요.

그렇다면 주 예수님이 이 땅에 사셨을 때 긴 머리를 하고는 하나님을 욕되게 하셨던 것일까요? 그러실 리가 없지요.

물론 아버지 말씀대로 주 예수님이 나실인이었으므로 머리가 길 수도 있었겠지요. 하지만 그렇다면 가룟 유다가 주 예수님을 팔았을 때 '머리 긴 사람이 예수입니다.' 했으면 되었을 텐데요.

아버지도 읽어 보셔서 아셨겠지만 예수님 얼굴을 처음 그린 미켈란젤로가 주님을 자기의 사랑의 대상으로 여성화시켰다는 거예요. 예수님을 동성 연애하는 대상으로 삼고 머리를 길게 그렸다는 거죠.

그래요. 아버지, 아버지 말씀대로 그런 것은 성경이 아니니까 중요하게 생각하진 않아요. 하지만 주 예수님이 짧은 머리였을 것은 분명하잖아요.

아버지, 저는 아버지만큼 성경을 모릅니다. 그리고 신학대학생인 형도 목사님인 아버지만큼은 성경을 모른다고 생각합니다. 그러나 "성경은 성경으로 풀어야 합니다."라고 말한 형의 말이 자꾸만 귓가에 뱅뱅 돕니다.

아버지, 이제 허락하세요. 형이 신학을 그만두겠다고 한 거요.

형이 신학을 전공하고 싶지 않은 이유를 아시잖아요. 하나님의 일을 하기 싫어서가 아니라는 것을요.

형이 그랬어요. 하나님의 일을 하는 것은 지원이 아니라 징병이라고요. 그리고 교회에는 직분과 은사는 있지만 결코 교역자와 평신도의 계급이 있어서는 안 된다고요.

아버지, 성경에 없는 것은 모두 내려놓으세요. 이 말을 하고 싶어서 편지를 썼어요. 아버지! ♧

꿈꾸는 산

나는 꿈꾸는 산입니다.

예루살렘 도시 북쪽에 있는 산이라고만 하면 내가 무슨 산인지 모를 수도 있지만, 내 이름이 '모리아'라는 것을 안다면 내가 어떤 꿈을 꾸는 산인지 알 것입니다. 예루살렘 성전이 재건축되는 것, 그것이 내 꿈입니다.

회복이란 말의 의미를 아시지요? 잃었던 것을 되찾는 것, 그래요 나는 회복되고 싶어요.

이스라엘 백성들이 1년에 세 차례씩 번제물을 드리려고 모였던 그 때가 그리워요. 손에 손을 잡고

♪형제들이 연합해 동거함이 어찌 그리 선하고 즐거운고 ♪

라고 찬송하며 올라오던 그 찬송 소리가 너무나 그리워요.

그뿐인가요. 성전 바깥 뜰 번제단에서는 제물들이 드려졌지요. 물두멍에서 손과 발을 씻는 제사장들, 성소에는 진설병이 쌓여 있고,

등대는 빛이 나고, 금향로에서는 향이 불타 연기가 오르고, 지성소의 언약궤와 그룹들…….

언제쯤 다시 성전이 세워지고 찬송 소리가 가득해질까요?

하나님은 다윗 왕에게 나 모리아 산에 성전을 지으라고 말씀하셨지요. 그래서 다윗은 오르난의 타작마당을 사서 성전을 지을 준비를 했어요.

오르난의 타작마당에 대해 알고 있나요? 오르난의 타작마당은 바로 나 모리아 산의 한 부분인데요. 〈의좋은 형제〉 이야기 알고 있지요? 형과 동생이 같이 농사를 지어서 똑같이 나누었는데 서로 사랑하기 때문에 밤에 몰래 자기의 것을 날라다 주는 이야기.

'내가 밤늦도록 날랐으니 형의 것이 많아졌겠지.' 하고 보면 똑같고. '내가 새벽녘까지 날랐으니 동생의 것이 많아졌을 거야.' 하면서 봐도 똑같고…….

서로 같은 마음으로 자기 것을 날라다 쌓았으니 계속 같을 수밖에요. 그러다 그들은 달 밝은 날 타작마당에서 만납니다.

"아니, 너도!"

"형 때문이었군요."

밀단을 던지고 서로를 얼싸안고 감격의 눈물을 흘리던 곳, 그곳이 바로 '형제 사랑'을 의미하는 오르난의 타작마당이랍니다.

예루살렘 성전이 세워진 오르난의 타작마당과 아시아의 일곱 교회 중 칭찬을 받은 필라델피아 교회의 '필라델피아'란 말뜻이 형제 사랑이라는 것은 참 의미가 깊어요.

내 이름은 솔로몬 왕이 예루살렘 성전을 건축하고 나서 모리아에서 시온으로 바뀌었어요. 하지만 지금 나는 다시 모리아 산일 수밖에 없어요. 성전이 아직 건축되지 않았으니 말이에요. 그래요, 나는 정말 시온 산이 되고 싶어요.

모리아 산에서 처음 번제를 드려 하나님께 경배를 드린 사람이 아브라함이라는 것은 알고 계시지요? 그때 아브라함은 브엘세바의 샘물 곁에서 살았어요.

사실 그 샘은 그 전에 아브라함이 팠던 것이었는데 아비멜렉의 종들이 무력으로 빼앗아갔어요. 아브라함은 일곱 암양 새끼를 주고 그 우물을 되찾았지요. 그래서 이삭은 대가를 지불하고 되찾은 우물 곁에서 살았던 거예요.

아브라함은 샘 곁에 에셀 나무를 심었어요. 에셀 나무는 버드나무와 비슷한 부드러운 나무인데요. 그 나무의 특성은 물이 흐르는 곳에서만 자란답니다. 그 나무를 심고 그들이 한 일이 뭔지 아세요? 영원한 하나님의 이름 엘오람(El Olam)을 불렀어요.

"오, 여호와 엘 오람이여!"

대가를 지불하고 되찾은 샘이 있고, 에셀 나무가 자라는 브엘세바에서 여호와의 이름을 부르며 이삭은 자랐어요. 같은 형제지만 이스마엘은 광야에서 자랐지요.

어디서 자라는가가 얼마나 중요한 일인 걸 알았으면 좋겠어요. 브엘세바에서 자란 이삭은 번제물이 되었고, 이스마엘은 강한 사냥꾼이 되었거든요.

사냥꾼이 된 것이 뭐가 나쁘냐고 묻는다면 첫 사냥꾼 니므롯을 말해 주고 싶습니다. 사냥꾼은 생명을 죽이는 사람이에요.

결국 광야에서 살았던 이스마엘은 애굽 여자와 결혼해서 애굽으로 내려가 살게 돼요. 광야에서 애굽으로 내려가는 것이 얼마나 쉬운 일인지 아세요? 하지만 브엘세바에서 모리아 산으로 가는 것은 올라가는 거예요.

그날은 정말 맑은 날이었어요. 아브라함이 하인 둘과 아들을 데리고 온 날 말입니다. 하늘은 구름 한 점 없이 맑았고 공기도 신선하고 맑았지요.

브엘세바에서 나 있는 곳까지 올라오려면 그때는 이틀이 꼬박 걸려야 했어요. 참 먼 거리였지요. 사흘째 되는 날 그들은 나 모리아 산 밑에 도착했어요.

"너희들은 여기서 우리를 기다리거라."

아브라함은 하인들을 밑에서 기다리라고 명령했어요. 그리고는 이삭에게는 나무와 번제드릴 모든 것을 지라고 했어요.

세상에, 그렇게 불평 한마디 없이 아버지의 말을 듣는 아들이 있을 수 있다니요.

아버지와 아들은 올라가면서 대화를 나누었어요. 4000년이 지났어도 나는 그날의 그 대화를 잊지 않고 있어요.

"불과 나무는 있는데 어린 양은 어디 있습니까?"

"아들아, 번제할 어린 양은 하나님이 자기를 위하여 친히 준비하신단다."

이 대화가 지금부터 2000년 전에 예수님이 십자가를 등에 지고 갈보리를 오르면서 하나님과 교통했었던 그 내용과 똑같다는 것을, 바로 그 그림이라는 것을 사람들은 알까요?

산 위에서 일어난 일은 모두들 잘 알고 있을 거예요.

이삭은 아버지가 제단에 묶어도 한마디의 하소연도 반항도 하지 않았습니다. 아버지가 칼을 들고 죽이려 했을 때도 그는 잠잠했습니다. 죽기까지 순종한 것이지요. 오히려 하나님이 아브라함을 부르면서 "그 아이에게 네 손을 대지 말라. 아무 일도 그에게 하지 말라."고 외치셨어요. 그러면서 하나님은 이렇게 말했어요.

"네가 네 아들, 나에게서 난 네 독자라도 아끼지 아니하였으니……."

'아브라함에게서 난 독자'가 아니라 하나님에게서 난 독자라는 말을 듣고 나는 정말 놀랐어요. 사람들은 아브라함처럼 그들이 받은 것은 모두 하나님이 주신 거라는 걸 알까요?

만일 아브라함이 이삭을 하나님께 드리지 않았다면 어떻게 되었을까요? 이삭은 그냥 독자로 남았겠지요.

이삭의 씨가 하늘의 별과 같고 바닷가의 모래와 같이 번성하리라는 축복을 받지 못했을 테니까요. 그렇다면 내 꿈은 결코 이루어지지 않을 거구요.

난 가끔 별들과 모래들 같은 사람들이 한 성으로 지어져 하나님을 찬양하는 그림을 그려봅니다. 그 성 안에는 생명 강이 흐르고 생명나무가 자라지요.

아브라함도 이 그림을 그리면서 살았어요. 이삭의 씨들이 한 성으로 건축되리라는 하나님의 갈망을 보았으니까요.

신약 히브리서에는 아브라함이 그 성을 간절히 고대했다고 써 있어요. 내 꿈과 똑같은 꿈을 꾼 사람, 아브라함이 난 참 좋아요.

물론 나는 이스라엘 사람들이 건축할 물질적인 예루살렘 성전을 꿈꾸고 있어요. 나는 물질적인 산이니까요.

로마의 타이터스가 성전을 허물어 버린 그때부터 거의 2000년 가까이 꾼 내 꿈은 이제 곧 이루어질 거예요.

"무화과나무의 가지가 연해지고 잎사귀를 내면 여름이 가까운 줄을 아나니."라고 예수님이 말씀하셨거든요. 무화과나무는 이스라엘 국화예요. 대한민국의 국화가 무궁화인 것처럼 말이죠. 그러니까 1949년에 이스라엘이 회복되고, 1968년에는 예루살렘 도시가 회복됐으니 여름이 시작되고 있는 거 아니겠어요?

글쎄, 팔레스타인이 내가 있는 예루살렘에 수도를 세우겠다고 야단이라지요. 어림도 없는 일이에요. 결코 그런 일은 일어나지 않을 거예요.

그래요. 나도 다 알아요. 정말 중요한 것은 물질적인 예루살렘 성전이 아니라 영적인 새 예루살렘이 건축되어야 한다는 것과 그 새 예루살렘이 사도 요한이 본 하늘에서 내려오는 단장된 신부라는 것을 말이에요.

그런데 그 새 예루살렘을 금으로 된 성이라고 말하는 사람들을 보면 답답하다 못해 화가 나요. 아무리 하나님이 물질로 된 건물을 신부로 맞이하실까요. 너무 어이가 없어요.

그렇다니까요. 나 모리아 산이 시온 산이 된다 하더라도 나는 옛 창조일 뿐이라는 걸 왜 모르겠어요. 하나님은 영이시라는 것을 알고 있는데요.

하지만 난 행복해요. 하나님이 꿈꾸는 새 예루살렘의 예표로 쓰인다는 것만으로도…….

지금 새 예루살렘으로 지어지고, 시온 산이 되고 있는 성도들은 얼마나 행복할까요?

이제 내 꿈이 무엇인지 분명히 아시겠지요? 그런데 바로 이 꿈이 하나님의 꿈이라는 것은 알고 계세요? ♣

지금은 그럴 시간이 없다

"만일에 말이죠. 주 예수님이 사람으로 태어나셨을 때 이스라엘 이라는 나라가 로마의 식민지가 아니었다면 어떻게 되었을까요?"

그는 늘 그랬던 것처럼 '만일에 말야'로 말을 시작했다.

우리는 그를 '만일에 말야'라고 불렀다. 왜냐하면 그는 늘 무슨 말 을 시작할 때면 "만일에 말야." 하면서 말했기 때문이었다.

그래서 어떤 때는 아예 우리들이 그가 말을 시작하려고 하면 다같 이 "만일에 말야."를 합창하듯 외쳐서 웃음을 터뜨리곤 했다.

우리는 그가 '만일에'라고 시작하는 그의 대화를 즐겼다. 어떤 면 에서 그것은 말 잇기 같은 하나의 게임이었다.

우리는 매주 월요일마다 성경 공부를 하기 위해 모였다.

그는 우리의 좋은 교사였다. 그 게임을 통해, 그가 시작한 질문의 답을 말하면서 우리는 성경 공부를 하고 있는 셈이었으므로.

"우선 십자가 사형 제도가 없었겠지요? 이스라엘의 사형 제도는 돌로 쳐 죽이는 거였으니까요.”

“그렇군요. 그렇다면 주 예수님의 뼈도 상하지 않는다는 구약의 예언은 이루어지지 않았겠네요.”

“맞아요. 거기다가 예수님이 결코 베들레헴에서 태어날 수도 없었지요.”

우리는 신이 나서 말했다.

“선지자 미가는 예수님이 베들레헴에서 태어나실 거라고 예언했는데 요셉과 마리아는 갈릴리 나사렛에서 살았어요. 해산을 앞둔 여자가 갈릴리에서 베들레헴까지 여행한다는 것은 무리지요. 어떤 경우라도 마리아는 여행하지 않았을 거예요. 아니 못했지요. 하지만 마리아는 움직였어요.”

아우구스투스 황제의 명령이 있었다.

“모든 백성은 다 호적을 하라!”

그 누가, 식민지 백성이 황제의 명령을 어길 수 있을까? 그럴 순 없었다. 이스라엘 사람들은 누구나 호적을 하러 고향으로 가야 했다.

요셉은 다윗의 집 족속이었다. 그러므로 다윗의 고향인 베들레헴으로 가야 했다.

“놀랍군요. 아마도 아우구스투스 황제는 왜 자기가 이스라엘 백성들에게 호적을 하라고 명령했는지도 모를 겁니다.”

틀림없이 몰랐을 것이다. 자기가 놀라운 일을 이루기 위해 하나님께 사용되고 있다는 것을…….

주 예수님이 떡집이라는 의미를 갖고 있는 베들레헴에서 태어나시기 위해 하나님은 인간 정부를 사용하셨다. 아니, 인간 정부의 뒤에는 하나님이 계신다.

"그 당시에 로마가 모든 나라들을 정복하지 않았다면 복음도 전파될 수 없었어요."

그것도 그랬다. 우선 언어 문제가 그랬다. 식민지 나라들은 모국어 외에 따로 헬라어를 배우지 않으면 안 되었다. 정치, 경제, 교육, 모든 것이 로마의 통치 아래 있었으니 말이다.

바울과 사도들이 이방인들에게 복음을 전할 수 있었던 것은 헬라어라는 언어를 사용할 수 있었기 때문이었다.

"모든 길은 로마로 통한다는 말이 있지 않습니까. 로마 시민권만 가지면 어느 나라라도 갈 수 있었어요."

"도로가 닦여진 것조차도 교회를 위해서였어요."

"하나님은 복음을 위해 로마가 유럽 전체를 정복하도록 허락하신 거지요."

로마는 교회 확산을 위해 필요한 나라였다.

"우리는 이런 전망을 보는 눈이 있어야 합니다. 세계 정세와 하나님의 움직임을 보아야 합니다."

"다니엘처럼 하나님의 신성한 역사를 볼 수 있어야지요. 느부갓네살 왕은 자기가 꿈으로 보고도 그것을 몰랐어요."

느부갓네살 왕은 꿈을 꾸었지만 그 꿈조차도 알 수가 없어서 괴로워했다. 그래서 날이 밝자마자 갈대아 술사들과 술객들, 점치는 자들을 불러 자기가 꾼 꿈을 말하고 해석하라고 명령했다.

"꿈과 그 해석을 내게 보이라. 그렇게 하지 않으면 너희들을 다 죽이겠다."

지나친 억지였다. 누가 자기가 꾼 꿈도 아닌데 그 꿈을 말하며 해석할 수 있단 말인가.

하지만 다니엘은 해냈다. 느부갓네살 왕이 꾼 꿈도 말해주고 그 해석도 해주었다. 금으로 된 머리와 은으로 된 가슴과 팔, 놋으로 된 배와 넓적다리, 철로 된 다리를 가졌고 일부는 철이고 일부는 흙인 발가락을 가진 거대한 형상에 대해서도…….

그것은 니므롯부터 적그리스도까지의 인간 역사의 집합체였다. 바벨론, 페르시아, 그리스, 로마로 이어지는 인간 정부의 총체였다.

그러나 그 거대한 형상은 산에서 뜨인 돌에 의해 다 부숴져 버린다. 타작마당의 겨같이 흔적도 없이 날아가 버리는 것이다.

"다니엘은 느부갓네살이 준 음식을 거절했어요. 귀신적인 음식을 이긴 거지요. 그래서 그는 신성한 역사를 보는 눈을 갖게 된 거예요. 우리는 사탄이 주는 음식은 거절해야 합니다. 사탄이 주는 음식을 먹다 보면 소경이 되고 말아요. 자기가 꾼 꿈조차도 볼 수 없게 된다고요."

그렇게 말하다가 그는 갑자기 "아참!" 하더니 가방에서 뭔가를 꺼냈다.

"이 기사 좀 읽어보세요."

스크랩한 신문 기사였다.

믿음 한뼘 더 키우기

中, 성서 밀반입 홍콩사업가에 2년 형 선고

(런던=연합뉴스, 김창회 특파원) 중국에 성서를 밀반입하다 체포된 홍콩 사업가 리광창(黎廣强. 38)에게 예상보다 훨씬 가벼운 징역인 2년형이 내려 졌다고 영국 BBC방송이 28일 보도했다.

리광창은 지난 해 5월 중국 푸젠(福建)성 부칭(福淸)시로 활동이 금지된 그리스도교 선교 단체에 성서 1만6천 권을 들여보내려다 공안당국에 의해 체포됐다고 방송은 전했다.

BBC는 또 리광창이 체포 당시 '이단적 사교'를 전파한 혐의로 사형까지 언도받을 중죄인으로 취급받았으나 조지 W. 부시 미 대통령의 중국 방문을 3주 앞두고 갑자기 '불법무역' 조항으로 바뀌어 2년형을 받게 됐다고 덧붙 였다.

부시 미 대통령이 그동안 이 사건에 대해 깊은 관심을 표명해 왔으나 중 국은 이달 초 다른 국가들이 자국의 사법권에 대해 왈가왈부하는 것은 용납 할 수 없다며 강경한 입장을 보였다.

한편 리처드 바우처 미 국무부 대변인은 이날 성명을 통해 "우리는 중국 에 대해 국제 사회 일원으로서 종교 표현의 자유와 양심의 자유에 관한 국제 사회 기준을 충족하도록 요청한다." 고 논평했다.

우리는 한동안 서로의 얼굴만 바라보았다. 벅찬 감동 때문이었다. 얼마 전에 우리는 중국에 성서를 밀반입하다 검거된 홍콩의 사업가 리광창에게 사형을 언도할 것이라는 기사를 읽었었다.

"성경을 밀반입했다고 사형을 언도한다니!"

"목숨 걸고 복음을 전파하는 성도들이 있는데 우리는 너무도 편하게 신앙생활을 하고 있군요."

"부끄럽습니다."

그렇게 이야기를 나누면서 우리는 그날 한마음으로 기도했었다. 성경이 어디에나 자유롭게 배포되고, 체포된 리광창 성도에게 주님의 은혜가 넘치기를 기도했다.

물론 우리는 리광창 성도를 알지도 못하고 만난 일도 없었다. 그러나 우리는 그가 하나님의 생명으로 거듭난 우리의 형제라는 것을 느꼈다. 찬송가의 한 구절처럼 〈한 피 받아 한 몸 이룬 형제〉인 것을 말이다. 그러므로 그 형제의 고통은 우리의 고통이었다.

그런데 오늘 이런 기쁜 소식이 전해진 것이다.

"미국 대통령의 중국 방문은 주님의 안배로군요."

"루터가 헬라어로 된 성경을 독일어로 번역했을 때 구텐베르크가 금속활자를 발명한 것처럼요."

"아르헨티나에 폭동이 일어나서 수천 명의 유태계 아르헨티나 인이 이스라엘로 이민을 추진하고 있는 것도 그렇지요."

"……?"

"하나님께서는 마지막 때에 당신의 백성을 땅 끝에서라도 불러 모으겠다고 하셨습니다. 그런데 아르헨티나의 중산층 사업가들과 전문인들이 그들의 사업을 뒤로 하고 이스라엘로 가겠습니까? 뉴스에 보도된 것을 보면 이번 폭동으로 그들이 무료 급식소에서 동냥하는 사람들로 전락했으며, 한때 남미에서 최고를 자랑하던 유태인 교육제도는 혼란에 빠져서 지난 10일 동안 1,300명의 유태계 아르헨티나인들이 유태 정부 기관에 이민 신청을 제출했답니다. 이런 추세는 아르헨티나의 시골 지역에 있는 4~5,000명에게도 영향을 미쳤는데, 이스라엘 정부는 이 사람을 다 받아들이고 집과 직장은 물론 교육까지 다 무료로 해줄 준비가 끝났다고 합니다. 세계의 언론은 이스라엘이 출애굽하듯 자기가 살던 곳을 떠나 이스라엘로 대탈출을 하고 있다고 전하고 있습니다.”

모든 것들이 급하게 움직이고 있다고 우리들은 느꼈다.

“다시 말하지만 지금 우리는 세계 정세와 하나님의 움직임을 보는 시각이 필요합니다.”

그는 우리가 살고 있는 모든 환경이 우연으로 된 것이 아님을 강조했다.

“하나님이 허락하시지 않으면 우리의 머리카락 하나도 빠지지 않는답니다. 모든 환경은 하나님의 주권적인 안배입니다. 그러므로 우리가 할 것은 항상 기뻐하며 감사하며 기도하는 거예요.”

그래, 항상 기뻐하라는 것은 하나님의 명령이었다. 쉬지 말고 기도하는 것과 감사하는 것 또한 그랬다. 그렇게 할 때 사탄의 음식을 거절할 수 있으리라.

“지금 우리가 어디까지 온 것 같아요? 우리는 지금 발가락 부분에 있어요. 우리는 세상을 사랑할 시간이 없어요. 낭비할 시간이 없어요. 지금은 그럴 시간이 없어요. 파산한 은행에 예금하는 사람이 있을까요?” ♧

예언되었던 역사

알렉산더가 죽은 후 그리스는 내란의 연속으로 어지러워지고 결국 네 나라로 나뉘게 된다.

다니엘이 200년 전에 예언했던 대로 그렇게 된 것이다.

―그러나 그가 강성할 때에 그 나라가 갈라져 천하 사방에 나누일 것이나 그 자손에게로 돌아가지도 아니할 것이요. 또 자기가 주장하던 권세대로 되지 아니하리니 이는 그 나라가 뽑혀서 이외의 사람들에게로 돌아갈 것임이니라.(단 11:4)―

유대 땅은 페르시아와 이집트의 중간에 위치하고 있다. 그래서 강대국인 페르시아와 이집트가 전쟁을 하면 그곳은 전쟁터가 되어 버렸다.

이집트의 도움으로 페르시아에서 해방되면, 이집트는 유대에게 강제로 세금을 내게 하고 병역에 복무할 것을 명령했다. 그러다가 페르시아가 전쟁에 이기게 되면 페르시아는 또 유대에게 책임을 묻고 세금과 병역을 요구했다.

페르시아가 망하고 헬라(마케도니아) 제국이 일어났을 때도 상황은 똑같았다.

알렉산더는 두로와 가사를 공격하여 이긴 다음 유대 땅에 직접 쳐들어왔다. 이스라엘 백성이 전쟁 중에 필요한 군장비와 위문품을 공급하지 않았다는 이유에서였다.

예루살렘 성 가까이에 이르렀을 때, 그는 대제사장 얏두아가 제사장들과 레위인의 한 무리를 이끌고 그들을 환영하는 것을 보고 깜짝 놀랐다.

"당신이 올 것을 알고 있었습니다. 다니엘 선지자가 당신에 대해 이미 예언했습니다. 다니엘 선지자는 수염소로 예표된 당신이 지중해의 서쪽에서 나와서 페르시아를 정복할 것을 예언했습니다."

사실 그는 궁전에서 머리에 염소의 뿔이 있는 왕관을 사용하고 있었다.

"여기 이 두루마리에 있는 '온 지면에 두루 다니며 땅에 닿지 않았다'라는 말씀은 당신의 땅 위에서의 신속한 움직임을 상징합니다."

알렉산더는 200년 전에 자기 사적이 예언되어 있었기 때문에 감동을 받아 즉시 유대에서 군대를 철수했다. 그리고는 거룩한 백성이라고 우대하며 헬라 대제국 안에서 보호를 받도록 해주었다. 세금도 면제받도록 해주고 하나님을 경배하는 자유를 누리도록 해준 것이다.

다니엘이 〈수염소가 스스로 강대하여 가더니 강성할 때에 그 큰 뿔이 꺾이고 큰 뿔 대신에 현저한 뿔 넷이 하늘 사방을 향해 나왔다.〉

라고 예언한 대로 알렉산더는 33세의 젊은 나이로 죽었다. 그리고 헬라 제국은 네 나라로 나뉘어졌다. 알렉산더의 부하인 프톨레미(Ptolemy), 카산데르(Cassander), 리시마쿠스(Lysimachus), 셀류코스(Seleucus)가 각각 이집트와 마케도니아, 소아시아, 수리아에 4개의 제국을 세웠기 때문이다.

이제 유대는 수리아와 이집트 사이에 처해 있게 되었다.

처음 유대는 수리아에 속했다. 그러나 얼마 안 되어 이집트의 왕 프톨레미 1세가 전쟁에서 수리아를 이기자 이집트에 속하게 되었다. 그래도 프톨레미 왕과 그 뒤를 이은 여러 왕들은 유대인들에게 종교의 자유를 주었다. 그래서 이스라엘 백성은 이집트에서나 유대 땅에서 하나님을 섬길 수 있었고 보호도 받았다. 대제사장이나 레위인들은 토지세를 면제받았다.

BC 198년, 이번에는 다시 수리아의 식민지가 된다. 수리아 왕 안티오쿠스 대왕이 이집트를 쳐서 이기고 유대 땅을 자기의 관할 범위로 찾아갔기 때문이었다.

BC 200년부터 로마는 동쪽으로 진출하기 시작했다.

BC 190년에 안티오쿠스는 마그네시아에서 로마군과 전투를 해서 진다. 안티오쿠스는 7만 대군이었고 로마군은 3만에 불과했음에도 패배를 맛보게 되었다. 그래서 안티오쿠스는 로마에 돈을 배상하고 둘째아들 안티오쿠스 에피파네스(Antiochus Epiphanes)를 로마에 인질로 보내게 된다.

BC 187년, 안티오쿠스 대왕은 반란 중에 피살되고, 그의 큰아들

셀루쿠스 필로파토르가 왕이 되었다. 하지만 그도 다니엘이 말한 것처럼 얼마 되지 않아 대신인 헬리오데루스에게 살해되고 만다. 살해되기 전 그는 자기 동생이 너무 오랫동안 로마에 인질로 잡혀 있는 것이 안타까워서 자기의 아들 데메트리우스를 대신 로마에 보내어 동생을 인질에서 풀어 주었다.

풀려난 에피파네스는 형이 대신에게 살해되자 버가모 왕의 도움을 받아 헬리오데루스를 죽이고 정권을 빼앗는다. 그리고는 조카인 데메트리우스에게 왕위를 물려주지 않고 자신이 스스로 왕에 즉위했다. 다니엘은 그를 비천한 사람이며 궤휼로 나라를 얻었다고 예언했다.

안티오쿠스 에피파네스는 나라를 얻은 후 이집트와 싸워 유대 땅을 빼앗아 버렸다. 그는 참으로 끔찍하게 유대인을 학대했다.

BC 170년, 그는 이집트를 원정하고 돌아와 예루살렘에 들어가서 병정들에게 3일 동안 유대인을 학살하도록 명령했다. 그때 유대인들은 10만 명 이상 죽고 포로가 되었으며 노예로 팔린 사람도 수만 명에 이른다. 그는 또 성전 안의 기명들을 빼앗아 갔다.

BC 168년, 그는 다시 이집트를 공격하려고 했으나 뜻밖에 로마의 간섭을 받게 된다.

"이집트의 침공을 중단하라!"

로마군의 위력을 아는 그는 다니엘이 〈낙심하여 돌아가며〉라고 예언을 한 것처럼 불명예스럽게 퇴각하다가 이집트 대신 예루살렘을 공격했다. 그는 낙담한 분풀이를 유대인들에게 한 것이다.

예루살렘 주민은 사로잡히고 피살되었다. 제사, 할례, 안식일을 지키는 것들이 다 금지되었다. 모든 율법 책은 불태워졌고 강론하는 것도 금지되었다.

그해 12월 25일, 그는 성전 안에 있는 번제단 위에 제우스 제단을 세웠다. 그뿐 아니라 자기의 상을 성전 안에 세웠다. 다니엘이 말한 멸망의 가증한 것이 바로 그것이었다.

그는 그 제단에 암퇘지를 제물로 바치고 돼지의 피를 성전 안에 뿌리고 강제로 유대인들에게 우상을 섬기게 했으며 돼지고기를 먹게 하고 젊은이들을 유혹하여 성전 안에서 간음하게 했다. 심지어 제사장 직분을 팔아 버리게 했다.

이때 하나님의 백성들은 역사에 없었던 환난을 받아 주야로 하나님 앞에 부르짖었고, 하나님은 사사시대처럼 그의 백성의 부르짖음을 듣고서 맛다디아라는 늙은 제사장을 일으켰다.

〈오직 자기의 하나님을 아는 백성은 강하여 용맹을 발하리라.〉

맛다디아는 성전에서 제사장의 직임을 할 수가 없어서 자기 고향 마딘에 거주하고 있었다.

그에게는 요한, 시몬, 유다(마카비), 엘리아살과 요나단, 다섯 아들이 있었다.

맛다디아는 예루살렘과 유대 땅이 모독 받는 것을 보고

"내가 왜 이 시대에 태어나서 하나님의 백성이 타락하고, 거룩한 성이 쇠패함을 보는가? 거룩한 성이 원수의 손에 있으며 성소가 이방인에게 점령되었는데 내가 어찌 평안히 거하겠는가?"

라고 탄식했고 그의 아들들은 옷을 찢으며 베옷을 입고 큰소리로 울었다.

안티오쿠스 왕의 사신이 마딘에 와서 유대인들에게 강제로 우상숭배를 시키자 맛다디아는 강력히 맞섰다.

"나와 나의 아들들은 조상의 언약 가운데 행하리라."

맛다디아가 이렇게 외치고 있을 때 유대인 한 사람이 왕의 명령에 따라야 한다며 단에 제물을 드리려고 했다.

맛다디아는 이런 상황을 보고 마음이 불같이 일어나 달려가서 그 사람을 제단에서 죽였다. 그리고는 그의 아들들과 함께 이방 제단을 부수고 소리를 높여,

"여호와의 율법과 조상의 언약에 열심이 있는 자는 나를 따르라!" 고 외쳤다.

각지에서 사람들이 일어났다. 수리아 군을 공격하고 우상이 불살라졌다.

BC 167년, 맛다디아는 연로하여 죽었다. 죽기 전 그는 거듭 다섯 아들에게 하나님의 율법을 위하여 열심을 갖고 조상의 언약을 위하여 목숨을 버리라고 분부했다.

유다 마카비는 신체가 건장하고 총명과 용기를 구비한 사람이었다. 그는 하나님과 조국을 사랑하여 충실히 하나님의 율법을 지키는 회중과 전사들을 이끌었다.

수리아군과의 전쟁에서 그는 항상 이겼다. 아무리 숫자가 많은 군대라도, 심지어는 열 배가 넘는 군대라도 마카비의 손에 패배 당했다.

"전쟁의 승리는 군대의 많음에 있지 않고 하늘에서 온 능력에 있다."

BC 166년부터 BC 165년까지 그는 연달아 세 차례 큰 승리를 했다. 역사에서는 이것을 벳 호르논 전투, 엠마오 전투, 벳쭈르 전투라고 부른다.

벳쭈르 전투에서 승리한 후 유다 마카비는 이렇게 외쳤다.

"보라! 원수가 이미 패배하고 물러났으므로 올라가 성소를 깨끗이 하여 제물을 드리자!"

그들은 시온 산에 올라가 성전을 거룩케 하고 우상을 깨뜨리며 제단을 다시 세우고 뇌물로 직위를 산 제사장들을 다 쫓아냄으로 성전을 거룩케 하였다.

BC 165년 12월 25일, 그들은 이른 아침에 새로 중건한 제단 위에 규례대로 하나님께 제물을 드렸다. 그달 그날에 이방인들이 제단을 더럽혔기 때문에 특별히 그날을 선정하여 다시 제단을 거룩하게 분별한 것이다.

이날이 바로 수전절이다.

안티오쿠스 에피파네스는 BC 170년에 거룩한 백성을 핍박하고 성전을 더럽혔으며 유다 마카비는 BC 165년에 성전을 성결케 했다. 그 시간의 차는 6년 4개월이다.

다니엘 8장 13절과 14절의

-매일 드리는 제사와 망하게 하는 죄악에 대한 일과 성소와 백성이 내어준 바 되며 짓밟힐 일이 어느 때까지 이를꼬 하매 그가 내게

이르되 2300주야까지니 그때에 성소가 정결함을 입으리라. -

는 예언이 이루어진 것이다.

안티오쿠스 에피파네스는 적그리스도의 예표이다.

이 시대 마지막에 안티오쿠스 에피파네스보다 더 악한 적그리스도가 나타날 것이다.

다니엘은 이렇게 예언했다.

-그가 장차 많은 사람으로 더불어 한 이레(7년) 동안의 언약을 굳게 정하겠고 그가 그 이레의 절반(3년반)에 제사와 예물을 금지할 것이며 또 잔포하여 미운 물건이 날개를 의지하여 설 것이며 또 이미 정한 종말까지 진노가 황폐케 하는 자에게 쏟아지리라.(단 9:27)-

그 적그리스도는 주님이 오셔서 불 못에 던질 것이다. ♧

그리고 1260일

그가 암살당했다.

나는 텔레비전 앞에 꼼짝하지 않고 앉아 있었다. 그에 관한 뉴스를 놓치지 않기 위해서였다. 정말 할아버지 말씀대로 될 것인가?

친구들이 새로 나온 컴퓨터 게임을 하자고 계속 연락을 해왔다.

"아주 따끈따끈한 게임이야."

나는 약속이 있어서 안 된다고 거절했다. 생각 같아선 휴대폰을 꺼놓고 싶었지만 나는 사촌 누나의 전화를 기다리고 있었다.

매일매일 누나는 나에게 전화를 했다.

"민아, 우리 짧게 기도하자. 그냥 '주 예수여'라고 주님의 이름을 불러봐."

누나는 내가 '주 예수여'라고 할 때까지 전화를 끊지 않았으므로 나는 억지로라도 예수님의 이름을 부르지 않으면 안 되었다.

누나는 요즘 들어 부쩍

"그렇게 낭비하면서 살 시간이 없어. 돌아가신 할아버지 말씀 기억
안 나?"
하면서 이제는 준비해야 할 시간이라고 말했었다.

그 재미있는 오락이나 만화 대신 성경을 읽던 누나, 새롭게 유행하
는 댄스 파티에도 한 번 나가지 않고 "주 예수여, 어서 오시옵소서."
라고 기도하면서 숨쉬듯 예수의 이름을 부르던 누나, 그러면서 누나
는 공부도 1등이었다.

"뭐하러 공부해. 성경이나 읽고 교회 집회나 다니지?"

내가 비웃듯이 말하면 누나는 웃으면서 '학생이니까.'라고 대답
했었다.

그래도 나는 누나를 좋아했다. 속상한 일이 있으면 누나와 대화를
나누면 해결되었다. 그런데 며칠째 그 누나에게서 소식이 없었다. 전
화를 해도 받지 않았다.

"어디 있는 거야? 누나, 제발 소식 좀 전해줘. 난 지금 두려워. 불
안해서 못 견디겠어."

나는 중얼거리면서 냉수를 들이켰다. 보통 때라면 이렇게 긴장이
될 때 술을 퍼마셨겠지만 지금은 그럴 수 없었다. 입술이 바짝바짝 타
서 나는 거푸 물만 마셨다.

TV, 신문, 라디오에서는 그의 암살을 특종 기사로 다루고 있었다.
TV에서는 계속 위성을 통해 관 속에 누워 있는 그의 모습과 조문객을
비춰 주었다. 끝도 없이 긴 조문객들의 행렬이 그의 어떠함을 나타내
고 있었다. 꽃을 든 사람, 우는 사람, 관에 입 맞추는 사람……

참으로 그는 인기 있는 정치인이었다. 아니 웅변가이기도 했다. 그와 대화를 나누고 그에게 설복되지 않는 사람이 없다고 하니 말이다.

특별히 이스라엘 국민들에게 그는 은인이었다. 중동의, 아니 세계의 미움을 받던 이스라엘에게 평화를 준 것은 그의 놀라운 외교술이었다.

그에 의해 7년 평화 조약이 맺어졌다.

예루살렘에 다시 성전을 지은 이스라엘, 2000년 동안이나 흩어져서 살던 그들은 1948년에 다시 나라를 회복하더니 1967년에는 예루살렘을 찾고 2000년에는 성전 산에 머릿돌을 놓았다.

그 옛날 입었던 제사장 옷을 입고, 양각 나팔을 불며 다시 머릿돌을 놓는 그들의 성전 재건축을 막으려고 팔레스타인은 얼마나 방해를 했는지…….

그러나 허사였다.

성전을 짓지 못하도록 방해와 폭파, 테러가 계속 되었지만 끝내 그들은 예루살렘에 다시 성전을 건축했다. 옛날 그들의 조상 솔로몬이 지었던 그 자리에 성전을 재건한 것이다. 아브라함이 이삭을 바치던 바로 그 산, 오르난의 타작마당이기도 한 그곳, 시온 산에 예루살렘 성전을 건축한 것이다.

그 옛날 솔로몬이 지었던 성전은 바벨론 왕 느부갓네살에 의해 훼파되었다. 그러나 70년 후 그들은 포로에서 돌아와 성전을 재건축했다. 페르시아의 다리오 왕 때였다. 하지만 이 재건축된 성전은 67년 로마의 티투스에 의해 완전히 돌 하나도 돌 위에 남지 않고, 훼파되었

고 이스라엘 사람들은 강제로 예루살렘 땅에서 쫓겨났다. 이스라엘
은 2000년 동안 나라 없이 거지처럼 떠돌아다녔다.

그런데 지금 그들은 옛날의 자기들 땅을 다 되찾고, 성전을 다시
건축하고, 그곳에서 제사와 절기를 지키고 있는 것이다.

그는 평화 조약을 맺을 때 이스라엘에게 어느 누구의 방해도 없이
유대교의 모든 규례와 절기들을 지키게 해주겠다고 약속을 했고 그
약속은 3년 반 동안 잘 지켜졌다. 지독한 민족이라고 모든 나라들은
이스라엘의 끈질김에 머리를 흔들었다.

한 민족이 30년만 다른 나라의 식민지로 전락해도 얼도 말도 빼앗
기는 것이 당연한 일인데 이스라엘 사람들은 나라를 이루는 데 제일
중요한 국토를 잃고 떠돌아다녔음에도 2000년 동안이나 살고 있던
팔레스타인을 내몰고 다시 자기 땅을 찾았다.

세계는 시오니즘이 인종을 차별하는 민족주의라고 비난했다. 그
런 비난을 받으면서도 눈썹 하나 까딱하지 않고 오히려 그들은 세계
여기저기 흩어져 있던 자기들의 종족을 불러 모았다. 아프리카의 오
지에서 할례를 행하고 유월절 및 절기를 지키는 사람들이 있다는 정
보에 DNA를 검사하여 레위 지파인 것을 알아내고, 그 흑인들을 이스
라엘 땅으로 돌아오도록 한 것은 오랫동안 뉴스거리였다.

나흘째였다. 여전히 조문객들의 줄은 끝이 없는 것처럼 보였다.

할아버지는 성경에 로마제국이 다시 복원될 것이라고 예언되어 있
다고 했었다. 그리고 정말 없어졌던 로마제국이 다시 일어났다. 그리

고 그는 로마제국의 황제였다.

이미 사람들은 민주주의에 염증을 내고 누군가 절대권을 가지고 다스려 주기를 바라고 있었다. 유행조차도 복고풍을 좇았고 나라들은 민주주의에서 왕국이 되기를 바라고 있었다. 심지어 영국에서 독립된 나라들까지도 대통령이 아닌 여왕의 권위 아래 남겠다는 국민이 더 많을 지경이었으니 말이다.

강한 능력을 가진 자들이 인기를 얻었다.

너무도 빈번하게 일어나는 지진과 전쟁, 그 속에서 사람들은 흐느적거리며 살고 있었다. 인격이니 양심이니 하는 낱말들은 사람들의 마음에서 사라지고 있었다.

그 속에서 그는 반짝이는 별이었다. 그런데 그가 죽었다. 암살을 당했다. 전 세계가 슬퍼하는 것도 무리는 아니었다.

그러나…….

나는 침을 꿀꺽 삼켰다.

"만일 할아버지나 누나가 말했던 것처럼 그가 살아난다면……."

그럴 수가 있을까? 죽었던 사람이 살아날 수 있을까?

성경은 나흘째 되는 날, 그가 살아난다고 말하고 있었다.

갑자기 슬픈 조곡으로 울리던 음악이 찢어지는 소리를 내더니 끊겼다.

'이럴 수가!'

죽었던 그가 관에서 벌떡 일어나고 있었다.

사람들은 경악했다.

할아버지에게 셀 수 없을 만큼 많이 들었던 대로, 요한계시록에 써 있는 대로 이루어지고 있는 것이다.

"잊지 마라. 지금 내가 하는 말들이 믿어지지 않아도 그날엔 모든 것이 생각날 것이다. 그가 죽었다가 살아나면, 그가 바로 적그리스도이다. 그는 자기가 하나님보다 더 높다고 주장할 것이다. 그때 이미 성숙한 그리스도인들은 휴거되었을 것이다. 그는 틀림없이 교황부터 죽일 것이다. 교황이 세력을 가지고 있는 것을 용납할 수 없기 때문이지. 자기가 이 세상에서 최고가 되어야 하니까 말이다. 다 불태울 것이다. 그리고는 자기의 상을 성전에 세울 것이다. 멸망의 가증한 그것이 성전에 선 것을 보면 대환란이 시작될 것이다. 그러나 그날부터 주님이 이 땅에 공개적으로 재림하실 날이 1260일 남은 것이므로 참고 견뎌야 한다."

참으로 엄청난 사건들이 지구상에 일어나고 있다고 아나운서는 흥분해서 외쳤다.

"전세계 곳곳에서 믿는 이들이 휴거되었습니다! 그리고 지금 로마 황제가 다시 살아났습니다!"

성경대로 이루어지고 있는 것이다.

"누나 집에 가봐야겠다."

나는 비틀거리며 일어섰다.

텔레비전에서는 사람들이 다투어 로마 황제인 그를 경배하는 장면이 중계되고 있었다.

누나 집은 비어 있었다. 큰 아빠도 큰 엄마도 아무도 없었다.

"민이 왔니?"

하고 웃으면서 맞아줄 것 같은데 누나 방은 비어 있었다. 방은 깨끗했다. 늘 그랬던 것처럼 모든 것이 제자리에 깔끔하게 정리되어 있었다.

'큰댁 식구들은 분명히 휴거된 거로구나!'

"민아, 이제 1260일이야. 넌 '후기의 이기는 자'가 될 수 있어. 꼭 되어야 해. 대환란 동안엔 그리스도인이라 먹을 것을 살 수가 없어서 굶어 죽는다면 그것도 순교야."

누나 목소리가 귀에서 쟁쟁 울렸다. 나는 침대 베개 옆에 놓여 있는 누나의 손때 묻은 성경을 품에 안았다.

거리엔 소문과 소문으로 난리였다.

"기적이야. 죽었다가 살아났어. 위성 중계로 내 눈으로 똑똑히 봤다구."

기적에 놀라며 환호하는 사람들이 있는가 하면 휴거되지 못한 것을 부끄러워하고 두려워하는 사람들도 있었다. 큰소리 내며 신앙생활하던 몇몇 사람들은 휴거되지 못한 것을 부끄러워하며 밖에 나오지 못했다.

매일매일을 그리스도로 살아야 한다던 믿는 이들, 자신들은 준비가 안 됐지만 주님의 나라가 빨리 이 땅에서 빨리 이루어져야 하기 때문에 요한계시록의 끝 구절 "주 예수여 어서 오시옵소서!"를 노래 부르듯 하던 정말 평범하게 산 큰댁 식구들 같은 사람들만 휴거되었다.

"성경이 맞았어. 저 사람이 적그리스도야."

"3년 반만 견디면 되는 거야. 1260일만 참으면 돼."

뉴스는 계속 특종이라는 제목으로 전해졌다. 갑자기 끔찍한 지진이 유럽에서 일어났다는 소식도 있었다.

누나가 말해 준 것처럼 초자연적인 재앙이 일어나고 있는 것이다.

이제 곧 태양은 총담같이 검어지고, 달은 피같이 될 것이다. 하늘의 별들이 무화과나무가 태풍에 흔들려 과일이 떨어지는 것같이 땅에 떨어지고 하늘은 종이 축이 말리는 것같이 감겨 버릴 것이다. 모든 산과 섬들은 제자리에서 옮겨질 것이다.

"유럽에 내려지는 초자연적인 재앙은 끔찍할 거야. 물이 피처럼 변하는가 하면 유럽의 하늘은 어두워질 거야. 햇빛이 빛을 잃을 것이거든."

할아버지의 말씀이 떠올랐다.

"그래도 그런 일들이 심판은 아닌 게야. 다만 하나님이 이 땅에 사는 사람들에게 하는 경고이시지. 하나님은 말씀하시는 게야. '내게로 돌아오너라. 너희가 하나님이라고 말하지 말라. 나는 너희가 이 땅에서 살도록 해와 달과 별을 창조했다. 그러나 너희는 나를 망각하고 나를 대적하고 모독하는구나. 지금이야말로 너희가 회개하도록 경고를 받아야 할 때이다.'라고."

나는 큰 소리로 부르짖었다.

"주 예수님, 이 경고를 받겠습니다. 지금이라도 이 기회를 놓치지 않게 하소서. 남은 3년 반 동안 준비하게 하소서." ♧

바로 그날

　우리 이스라엘에게 참으로 통쾌한 소식이 전해졌다. 로마시가 지진으로 물 속으로 잠겨 버렸다는 것이다. 맷돌이 물 속에 잠기듯이 그렇게 말이다.

　온 세계가 난리였다.

　손해를 생각하며 사람들은 가슴을 치며 울었다. 알거지가 되었다고 자살하는 사람도 있었다. 그럴 수밖에 없는 것이 로마는 세계의 중심이었다. 몇 해 전부터 로마는 경제, 정치의 중심지였고 무역의 중심지였다. 아니, 모든 것의 중심 도시였다. 증권가, 은행가, 모든 것이 로마에 있었다.

　'모든 길은 로마로 통한다'는 옛말을 2000년이 지난 이 시대에 다시 사용하게 만든, 없어졌다가 다시 생겨난 나라 로마, 황제가 암살되었다가 살아난 사람이었으므로 세계의 관심은 로마에 있었다.

　그 옛날 유럽과 아시아 일부를 지배했던 로마는 실질적으로 미국을 제외하고는 거의 모든 나라를 지배하고 있는 셈이었다. 황제가 죽었다가 살아난 것을 본 모든 나라들은 앞 다투어 그 앞에 무릎을 꿇었기 때문이었다. 게다가 그는 죽었다가 살아난 이후로 초인간적인 사람이 되었다.

죽기 전에 그는 우리 이스라엘과 평화 조약을 맺고, 우리 이스라엘 사람들이 유대교를 믿는 데 아무런 장애가 없도록 살펴주었다. 그래서 우리는 새로 지은 예루살렘 성전에서 날마다 제사를 드리고 절기를 지킬 수 있었다. 그러나 그는 살아난 이후에 우리들이 성전에서 제사를 드리고 절기를 지키는 것을 금지시켰다.

그는 우리가 섬기는 여호와 하나님을 미워했다.

그는 자기가 죽었다가 살아나기 전, 들림 받은 예수 믿는 이들을 가장 미워했다.

그 앞에서 하나님이나 예수라는 이름을 말하기만 해도 사형시켰다. 들림 받지 못하고 남아 있는 그리스도인들은 그가 바로 성경에 미리 예표되었던 적그리스도라고 말해 주었다.

"지금부터 대환란이 시작되는 거야."

"마흔 두 달만 참으면 되네."

그랬다. 우리 이스라엘 사람들은 42라는 숫자가 고통 뒤의 안식과 만족의 의미라는 것을 알고 있었다. 우리 조상들이 애굽에서 나와 42곳의 진을 친 뒤에야 가나안에 들어갔던 것처럼…….

"적그리스도는 성전에 자기 우상을 세울 걸세. 그 옛날에 안티오쿠스 에피파네스가 제우스 상을 세웠던 것처럼. 다니엘 선지자도 그렇게 말씀하셨고 주 예수님도 그렇게 말씀하셨네."

정말 그리스도인들이 말하는 대로 그는 성전에 자기 우상을 세웠다. 그리고 그는 우리에게 그 우상에 절하라고 명령했다.

우리는 그 명령을 받아들일 수 없었다. 여호와 하나님이 모세를 통하여 우리에게 주신 십계명 중 첫 번째와 두 번째가 바로 다른 신을 섬기지 말고 우상을 만들거나 섬기지 말라는 것이 아닌가 말이다. 또한 우리는 천사들이 전하는 경고의 말을 들었기 때문이었다.

－만일 누구든지 짐승과 그의 형상에 경배하고 이마에나 손에 표를 받으면 그도 하나님의 진노의 포도주를 마시리니 그 진노의 잔에 섞인 것이 없이 부은 포도주라, 거룩한 천사들 앞과 어린양 앞에서 불과 유황으로 고난을 받으리니 그 고난의 연기가 세세토록 올라가리라. 또 짐승과 그의 형상에게 경배하고 그 이름의 표를 받는 자는 누구든지 밤낮 쉼을 얻지 못하리라.－

정말 소름끼치도록 놀라운 것은 그 우상이 말을 한다는 것이다. 그만큼 그는 초능력을 가지고 있었다.

우리 중 많은 사람들이 우상에 절하지 않아서 죽임을 당했다.

역사학자들은 지금 이 시대가 그 옛날 안티오쿠스 에피파네스가 7년 동안 평화조약을 맺었다가 약속을 파기했던 그 시대와 똑같다고 말했다. 성전에서 돼지를 잡아 피를 뿌리고, 억지로 음란한 일을 하도록 하고 제사장을 무참히 죽였던 그 시대 말이다.

"그때는 유다 마카비가 나와서 성전을 깨끗하게 했는데."

우리는 그때처럼 누군가 나와서 이 끔찍한 상황을 바꾸어 주기를 기다렸다. 하지만 이미 여호와 하나님은 우리에게 모세와 엘리야를 보내 주셨다. 1260일 동안 모세와 엘리야는 많은 권세를 가지고 굵은 베옷을 입고 예언을 했다. 누군가 두 증인을 해하려고 하면 불이 나와서 대적들을 삼켜 버렸다.

그런데도 우리는 하나님께 돌이키지 않고 자기 좋은 대로 살고 있었다. 단지 선택된 백성이라는 자만심으로 뭉쳐져서 말이다. 생각 있는 사람들은 현재의 우리 이스라엘이 소돔과 애굽보다 더 악하다고 말했다.

하나님은 더 이상 참으실 수 없는 것처럼 우리에게 계속 재앙을 내리셨다. 두 증인이었던 모세와 엘리야가 죽었다. 적그리스도에게 죽임을 당한 것이다.

적그리스도는 두 증인을 죽이고 그 기세가 하늘까지 닿을 정도로 높아졌다.

"이들의 시체를 예루살렘 길거리에 그대로 두어라. 누구든 이들을 장사하는 자는 결코 살아남지 못하리라. 나를 거역하는 자의 끝이 어떠한지 보여주겠다."

사람들은 적그리스도가 두려워서 두 증인의 시체를 장사 지내지 못했다. 그러나 그것은 하나님의 능력을 나타내는 일이 되어 버렸다. 3일 반 후에 하나님이 그들을 살리셨으므로 대적자들이 보는 앞에서 구름을 타고 하늘로 올라간 것이다. 구경하는 사람들은 그것을 보고 두려워했다.

바로 그때 예루살렘에 지진이 일어났다. 예루살렘 성전 1/10이 무너지고 유명인사들이 7,000명이나 죽었다. 우리는 두려워하며 영광을 하나님께 돌렸다.

그런데 이번에는 전쟁이었다.

전세계가 우리를 향해 몰려왔다.

동방에서 2억의 마병들이 레이다에 걸리지도 않고 쳐들어왔다.

"이스라엘을 초토화시키면 에너지 문제와 식량 문제가 해결된다. 자, 이스라엘을 공격하여 그들이 가진 것을 우리가 취하자."

적그리스도는 모든 군대를 선동했다. 그리고 우리 이스라엘 사람 1/3 정도를 죽였다. 도시 여기저기에 죽은 시체들이 쌓였다. 그리고 예루살렘 사람 중 절반의 사람들이 포로로 붙들려 갔다

"하나님과 싸우자!"

성경은 이것을 아마겟돈 전쟁이라고 부른다.

아마겟돈이란 〈아〉와 〈마겟돈〉의 두 단어가 합성된 말이다. 아마겟돈의 〈아〉는 '~에 올라가다(mount)'란 의미이고 〈마겟돈〉은 므깃도의 이름인데 '대량살육'이란 의미였다.

"자, 우리가 이기고 있다."

적그리스도의 군대들은 예루살렘 사람들을 반이나 포로로 잡았기 때문에 승리에 취해 있었다.

우리는 도망치는 수밖에 없었다.

"감람산으로! 감람산으로 가야 산다!"

그날엔 여호와의 산으로 피하라고 하지 않았는가!

우리는 감람산을 향해 달려갔다. 필사적으로 도망갔다.

"저들이 감람산으로 도망친다!"

"한 사람도 남기지 말고 도륙하라!"

적들은 사면에서 포위를 좁히면서 따라왔다. 그리고 우리는 딱 가로막힌 감람산 앞에 멈출 수 밖에 없었다.

우리는 흡사 그 옛날 출애굽 당시, 바로의 그 군대에게 쫓기는 자들 같았다. 다만 그때 우리 조상들은 홍해를 만났는데, 지금 우리는 높은 산을 만난 것이 다를 뿐이었다.

"아아, 하나님. 홍해를 갈라주신 하나님! 요단의 물을 끊으셨던 하나님!"

우리는 하나님께 부르짖었다. 그리고 우리는 큰 구원을 보았다!

그분이 구름을 타고 오신 것이다!

그분의 발이 감람산 동쪽과 서쪽에 좌정하자 산이 두 쪽으로 갈라지면서 골짜기가 열린 것이다. 홍해가 나뉘어졌던 것처럼 산이 둘로 나뉘었다.

"아아! 주 예수님!"

우리 남은 자들은 열린 골짜기로 달려갔다. 그리고 적그리스도의 군대는 우리를 따라왔다.

그런데 아주 갑자기 그들은 자기들끼리 싸우기 시작했다. 서로에게 무기를 휘둘렀다. 그러자 말들은 미쳐 날뛰기 시작했다.

그뿐 아니었다. 눈이 눈구멍에서 썩는가 하면 혀와, 코 등이 썩기 시작했다.

하나님이 싸우신다!

우리는 비로소 적그리스도의 군대들이 여호사밧 골짜기에서 서로 죽이고 죽고 있는 것을 알게 되었다.

여호사밧 골짜기는 예루살렘과 감람산 사이에 있었다. 일찍부터 우리는 이 골짜기를 묘지로 사용하였고 고대에 사람들은 이 골짜기에 불결한 것을 매장하곤 했다.

유다의 아사 왕은 자기 어머니의 우상을 그곳에서 불살랐으며 히스기야 왕도 여호와의 성전을 깨끗이 할 때 더러운 모든 것들을 이 골짜기에서 불태웠던 것이다. 그러므로 불결한 것들과 우상 같은 것들이 이 골짜기에 잔뜩 묻혀 있었다.

힌놈, 기드론 골짜기라고 불리는 이 골짜기에서 하나님이 이방나라를 심판하신다고 요엘은 예언했었다. 그러면서 요엘은 이 골짜기를 판결 골짜기라고 했던 것이다.

아! 하나님은 이 세상의 불결한 것을 모두 모아 지금 청소하고 계신 것이다. ♣

나는 생명나무

'생명나무' 이것이 내 이름입니다.

종(種)도 학명(學名)도 '생명나무' 지요. 언제나 이름은 그 자신을 표현합니다. 그 실제이구요. 그러니 나는 이름 그대로 생명을 표현한답니다.

내가 사는 곳은 예루살렘 성입니다. 이런 성을 본 일이 없을 겁니다. 성 안엔 오직 한 길밖에 없어요. 그러나 성 안으로 들어오는 문은 네 군데랍니다.

길은 나선형으로 되어 있지요. 그래서 성 안에 사는 사람들은 결코 길을 잃어버릴 염려가 없어요.

동화 속에나 나오는 이야기라고요? 그래요. 사람들은 믿을 수 없는 이야기가 나오면 그렇게들 말하지요. 하지만 이건 사실이에요. 실제 상황이라고요.

사람들은 그러지요. 동화를 읽으면 진짜 같네 그러고, 아름다운 사실을 보면 동화 같다고 말합니다.

길이 무엇으로 되어 있는지 아십니까? 금으로 되어 있어요. 금 중에서도 정금이랍니다. 그곳으로 강물이 흐르는데 그 강물 이름도 생명강이에요. 물은 생명수이고요.

그래요, 이곳에 있는 모든 것은 생명이라는 낱말과 아주 긴밀한 관련이 되어 있어요.

나는 생명강 좌우에서 자라고 있어요. 몇 그루가 자라고 있느냐구요? 나 한 나무랍니다. 그렇지만 12가지 열매를 맺을 수 있답니다. 달마다 과실을 맺는 거지요.

이해할 수 없거나 믿어지지 않는다고 그게 사실이 아니라고 말하는 것은 어리석은 일이에요. 시력이 아무리 좋은 사람이라도 눈으로 들을 수는 없어요. 물론 청력이 좋은 사람이 귀로 보거나 말할 수 없는 이치지요.

하나님은 영이신 분이란 것은 아시지요? 그리고 주 예수님도 지금은 영이신 것도요.

바울이 고린도 교회에 그렇게 편지를 썼어요. 〈이제 주는 영이시니〉라고요. 그런데 사람들은 하나님이나 주 예수님을 머리로 알려고 애를 써요. 그건 시력이 좋다고 눈으로 냄새를 맡으려는 것과 똑같은 행동인데도 막무가내로 애를 쓰는 거예요. 정말 딱한 일이에요.

하나님은 사람에게 하나님을 알 수 있는 기관을 주셨어요. 바로 사람의 영이랍니다. 영어에는 하나님의 영(Spirit)과 사람의 영(spirit)을 구별하기 쉽게 하나님의 영은 S가 대문자로, 사람의 영은 S가 소문자로 되어 있는데 한글 성경에는 그런 구별이 없어서 안타까워요. 한글로도 구분해서 표현할 수 있다면 하나님의 말씀인 성경을 볼 때 참 쉽게 이해할 수 있을 텐데요.

내 열매 맛이 어떠냐고요? 그건 먹어본 사람만 아는 거지요. 설명해서 맛을 안다면 그건 사실이 아니에요. 맛은 먹어봐야 하는 거죠. 그런데 내 과일은 아무나 먹을 수 없어요. 성 안에 사는 사람만 먹을 수 있답니다.

성 밖엔 많은 사람이 살고 있어요. 그 사람들은 열국 백성들이라고 불러요. 그 사람들은 병이 나면 내 잎을 먹을 수 있어요. 내 잎사귀들은 만국을 소성하기 위해 있답니다. 열매를 먹는 사람들과 잎사귀를 먹는 사람, 정말 차이가 나지요.

그렇다면 잎사귀를 먹는 사람들이 불평을 하지 않느냐고요? 결코 그런 일은 없답니다.

아무래도 내가 좀더 자세히 설명을 해야겠어요.

내 나이가 몇인지 아세요? 7000살이 넘었다면 믿을 수 있겠어요? 적어도 나는 7000년 동안의 일들을 안답니다. 내가 처음 태어난 곳은 에덴동산이었답니다. 에덴이란 말이 즐거움이라는 것은 아실 거예요. 그때 처음 하나님이 사람을 만들었어요. 하나님은 사람에게 명령했지요.

"생명나무 열매를 따먹어라."

하나님이 사람에게 한 처음 명령이 "먹어라!"였다는 것을 사람들이 알면 놀랄 거예요. 그런데 첫 사람 아담은 먹는 것에 실패했어요,

먹으라는 내 열매, 생명나무 열매를 먹지 않고 먹으면 죽는다는 선악을 알게 하는 열매를 먹었기 때문이지요.

사람은 무슨 나쁜 짓을 한 것이 아니라 잘못 먹어서 타락했어요. 사람이 선악을 알게 하는 열매를 먹은 후 하나님은 나를 먹지 못하도록 내 주위를 화염검으로 둘러쌌답니다.

'선과 악 그리고 지식'의 열매를 따먹은 사람이 내 열매를 따먹고 끔찍하게 살기를 원치 않으신 것입니다.

그때의 상황으로 보면 사람은 더 이상 나 생명나무를 먹을 수 없는 것처럼 보였어요. 그러나 하나님은 포기하지 않으셨지요.

한 사람을 창조하셨던 하나님은 이번에는 한 사람을 불러냈어요. 아브라함이었어요. 아브라함이 이삭을, 이삭이 야곱을, 야곱이 12명의 아들을 낳아 한 민족 한 나라를 이룬 것은 누구나 아는 사실, 역사입니다.

그런데 그 이스라엘 백성을 이집트에서 불러내셨을 때, 하나님이 다시 그 택한 백성에게 하셨던 명령, 기억 나시나요? 바로 "양고기를 먹어라!"였습니다. 만일 이스라엘 백성들이 양고기를 먹지 않았다면 결코 홍해를 건너지 못했을 것입니다.

그리고 광야에서의 일, 이스라엘 백성들은 40년 동안을 계속 광야에서 행진했습니다. 오늘날 많은 사람들이 삶의 행진을 하는 것과 같지요. 그때 그들은 하늘에서 내리는 만나와 반석에서 나오는 물을 마셨습니다.

만일 만나가 없었다면, 반석의 생수가 없었다면 그들은 광야에서

다 죽었을 것입니다. 그런데 이스라엘 백성들이 만나 생수를 먹고 마실 때, 뭔가 대가를 지불했다는 말 들어 보셨어요? 맞아요. 그게 모두 무료였답니다. 그냥 줍기만 하면 됐어요. 하지만 이스라엘 백성들조차도 또 실패했어요.

그래서 하나님은 사람이 되어 이 땅에 오셔야 했어요. 만일 하나님이 사람이 되지 않고 직접 오셨다면 살아 있을 사람은 아무도 없을 거예요.

하나님이 하나님으로 이 땅에 오셨다면 하나님은 참 쉬웠을 것이지만요. 하지만 하나님이 사람이 되어 오셔야 했으니 그 고통은 말로 표현할 수가 없지요.

만일 여러분이 여러분 본래 모습으로 어딘가로 여행한다면 그것은 쉬운 일이에요. 하지만 여러분이 아주 보잘것없고 작은 동물의 모습으로 변해서 여행을 가야 한다면 가고 싶을까요?

무한하신 하나님이 유한한 사람이 되는 것은 그 정도의 문제가 아니었어요. 그런데도 하나님은 사람을 이처럼 사랑하사 사람이 되어 이 땅에 오셨어요. 하나님이 사람이 되신 분. 그분이 바로 주 예수님이시지요.

주 예수님이 사람에게 하셨던 명령은 뭔지 아세요?

"나는 하늘에서 내려온 산 떡(생명의 떡)이니 나를 먹어라!"
였습니다.

이러니 먹는 것이 얼마나 중요한 일인가요.

인도라는 나라의 골목을 한번 가보세요. 거리, 건물, 사람…… 어디서고 그들이 즐겨 먹는 향료 냄새가 나요. 마늘을 많이 먹는 사람 옆에 가면 마늘 냄새가 나고요. 무엇을 먹든지 그 냄새가 몸에 배는 거지요. 그러니 하늘로서 내려온 생명의 떡을 많이 먹으면 생명 냄새가 날 수밖에요.

성 밖에 사는 사람들이 잎사귀만 먹는다고 불평하지 않느냐는 질문에 왜 엉뚱한 대답을 하느냐고 핀잔을 하는 분이 있을지도 모르겠네요. 나는 바로 이걸 말하고 싶었던 거예요.

새 예루살렘 성 안에는 '잘 먹으라!' 는 하나님의 명령을 순종한 사람만 삽니다. 이 땅에서 기회를 잃지 않고 '생명' 을 먹은 사람만 살 수 있는 곳입니다.

그 사람들은 늘 생명나무 열매를 먹고 살았기 때문에 생명나무 열매를 먹는 것이 아주 익숙하지요. 하지만 열국 백성들은 그렇지 않았습니다. 그러니 지금이라도 잎사귀라도 먹는 것을 기뻐한답니다.

그러니까 첫 사람 아담 때부터 하나님이 사람되어 오셨을 때까지가 4000년, 주 예수님이 공중에서 감람산으로 다시 오셨을 때까지가 2000년, 그리고 왕국 시대가 1000년, 이제 내 나이가 7000살이 넘었다는 걸 알겠지요?

기회가 주어진다면 나는 많은 것을 이야기 하고 싶어요. 그러나 지금은 지금 내가 살고 있는 새 예루살렘 성을 조금 더 소개해 볼게요.

조금 전에 소개했던 것처럼 이곳은 모든 것이 생명과 관계가 있고, 또 하나의 특징은 하나라는 것입니다. 성도 하나, 보좌도 하나, 길도 하나입니다.

놀라운 것은 신랑과 신부가 있는데 그 신랑과 신부가 하나라는 거예요. 하나씩이 아니고 둘이 하나라고요. 신랑은 주 예수님이고 신부는 '이기는 자들'인데 그 둘이 하나랍니다.

또 다른 면으로는 12가지 보석입니다. 12가지 보석이 빛을 내는 모습은 장관입니다.

놀랍게도 12가지 보석이 빛을 내면 열두 가지 빛이 나는 것이 아니고 오직 한 가지 색으로 나타납니다. 녹색이지요. 삼원색이 합해지면 흰색으로 보이는 것과 같은 원리입니다.

이처럼 완벽한 하나로 이루어진 것이 바로 이 새 예루살렘의 하나의 특징이랍니다.

아이고, 제발 머리로 하나님 나라 일을 이해하려고 하지 마세요. 부탁입니다. ♧